Andre Schmitt

Auf Partnersuche?

.

Andre Schmitt

Auf Partnersuche?

Ein unkonventioneller Ratgeber für Menschen
mit Humor und Durchhaltevermögen

Die Deutsche Nationalbibliothek verzeichnet diese Publikation in der Deutschen Nationalbibliografie; detaillierte bibliografische Daten sind im Internet über http://dnb.dnb.de abrufbar.

2. erweiterte Auflage 2022

ISBN: 978-3-7543-5959-4

Lektorat: Katja Back – www.back-fulda.de

Herstellung und Verlag: BoD – Books on Demand, Norderstedt

Bildnachweis: BoD – Books on Demand, Norderstedt

MIX
Papier aus verantwortungsvollen Quellen
Paper from responsible sources
FSC® C105338
FSC
www.fsc.org

Inhaltsverzeichnis

Dieses Buch ist all denen gewidmet,

die sich auf der Suche nach

einer beglückenden Partnerschaft

nicht entmutigen lassen, sondern

sich unverdrossen und stets

aufs Neue auf den Weg machen.

Vorwort

Liebe Leserin, lieber Leser,

der Titel des Buches hat Sie angesprochen und Sie haben es schließlich erworben. Es richtet sich an alle ratsuchenden Singles, die sich eine Beziehung wünschen, aber unsicher sind, wie sie dabei vorgehen können, um ans Ziel zu kommen. Ich lade Sie ein, sich mit mir auf die spannende und erfolgreiche Suche nach einem Partner oder einer Partnerin zu begeben.

Sie wollen jemanden kennenlernen, aber wissen nicht wie? Sie wollen etwas Schönes unternehmen, wissen aber nicht mit wem? Jeder hat schon mal erlebt, wie schmerzlich es ist, Single zu sein und zu sehen, wie andere Paare glücklich ihre Freizeit miteinander verbringen. Das gilt besonders dann, wenn Sie fremd in eine neue Stadt kommen und niemanden kennen.

Das Alleinsein hat zweifellos seine angenehmen Seiten. Sie sind ungebunden, können sich Ihre Freizeit nach Belieben gestalten, müssen keine Absprachen treffen. Doch irgendwann geraten Sie vielleicht an einen Punkt, an dem Sie die Sehnsucht nach einer Partnerin oder einem Partner packt.

Wie können Sie sich diesen Wunsch erfüllen? An welchen Orten können Sie sich begegnen?

Ich stelle Ihnen in meinem Buch verschiedene Möglichkeiten vor und weise Ihnen Wege, auf denen Sie den Partner fürs Leben finden können. Ein Weg eröffnet sich Ihnen unter der Rubrik „Bekanntschaften" in der klassischen Zeitungsanzeige. Sie werden überrascht sein zu erfahren, wie schnell Sie ohne großen Aufwand möglichst viele Singles gleichzeitig ansprechen und den weiteren Kontakt nach dem ersten Treffen aufrechterhalten können. Zweifel sind zwecklos! Lassen Sie sich auf das Abenteuer Partnersuche ein.

Ich wünsche Ihnen viel Erfolg!

Ihr Andre Schmitt

im April 2022

Wünsche und Erwartungen

„Ein bisschen Goethe, ein bisschen Bonaparte, so soll er aussehn', der Mann, auf den ich warte …" So begann in den 60er-Jahren ein Schlager. Wie sind Ihre Erwartungen an Partner und Partnerschaft? Sich vorab Gedanken darüber zu machen, welche Vorstellungen Sie mit Ihrem zukünftigen Partner verbinden, ist sinnvoll und bewahrt Sie vor herben Enttäuschungen.

Je genauer Sie wissen, auf was Sie Wert legen, was Sie wollen, was Ihnen wichtig ist in einer Partnerschaft und was Sie von Ihrem Partner erwarten, desto leichter ist es, ihn oder sie zu erkennen.

Im Umkehrschluss gilt das natürlich auch für die, die sich für Sie als Person hinter dem Anzeigentext interessieren. Schließlich hat Ihr Gegenüber auch Wünsche, Ansprüche und Vorstellungen davon, was alles zu einer guten Partnerschaft dazugehört.

Kontakte zu fremden Menschen aufzubauen, ist kein leichtes Unterfangen. Für jede Persönlichkeit, ob temperamentvoll oder eher zurückhaltend, lässt sich aber der individuell richtige Weg finden.

Ausgangspunkt Zeitungsinserat

Die Rubriken „Sie sucht ihn" und „Er sucht sie" in der regionalen Zeitung sind das klassische Mittel der Partnersuche. Zeitungsinserate helfen nach wie vor Menschen, dem Alleinsein ein Ende zu setzen. Während das World Wide Web zunehmend die Kommunikation beherrscht, scheint die gedruckte Annonce zwar etwas aus der Zeit gefallen zu sein, aber der Schein trügt.

Bekanntschaftsanzeigen

Als Inserent einer Bekanntschaftsanzeige formulieren Sie in einem knappen Text Ihren Partnerwunsch. In der Regel geben Sie eine Telefonnummer zur Kontaktaufnahme an, bleiben ansonsten aber anonym und sparen die Zahlung für eine Premiummitgliedschaft bei einer Singlebörse (s. S. 36). Sie sprechen mit der Anzeige viele Leserinnen und Leser vor Ort an und schließen damit lange Anfahrtswege aus. Wie aber formulieren Sie einen ansprechenden und gewinnenden Anzeigentext? Wie kommen Sie richtig rüber?

Anzeigentexte wie

Mann 29/179 sucht Frau.

oder

Einfache Frau, 51/182/89, sucht einen Mann für eine harmonische Beziehung. Nur ernst gemeinte Zuschriften.

sind ziemlich nichtssagend und haben nur wenig bis gar keine Resonanz. Niemand, der sich für Bekanntschaftsanzeigen interessiert, will gelangweilt werden. Daher ist es von entscheidender Bedeutung, dass Sie mit Ihrem Anzeigentext vor allem das Interesse und den Wunsch wecken, mit Ihnen Kontakt aufzunehmen.

Am besten eignen sich Anzeigentexte, in denen Sie Ihre potenzielle Partnerin oder Ihren Partner direkt ansprechen und eine Prise Humor oder ein wenig Romantik einfließen lassen.

Ihre Anzeige sollte nicht zu allgemein gehalten sein. Wie das funktioniert, erfahren Sie anhand von exemplarischen Anzeigen auf den nachfolgenden Seiten. Sie brauchen lediglich Ihr Alter und Ihre Körpergröße in die Muster einzutragen, bevor Sie sie zur Veröffentlichung aufgeben.

Abkürzungen

Der Anzeigentext soll ansprechen, Aufmerksamkeit wecken und neugierig darauf machen, wer hinter der Anzeige steckt. Die Formulierungen müssen deshalb kurz und knackig sein.

Nicht immer ist der Text auf Anhieb verständlich. Man stößt auf Abkürzungen und Begriffe, bei denen man nur ahnt, was sie im Einzelnen bedeuten könnten. In der umseitigen Tabelle sind die gebräuchlichsten Kürzel aufgelistet. Sie räumt Missverständnisse aus, wie die ein oder andere Abkürzung zu verstehen ist.

Begriff/Kürzel	steht für
NR	Nichtraucher
gut situiert	seriös, gut dastehend, gehobener Beruf
gut gebaut	dick
bodenständig	realistischer Typ
ONS	One Night Stand
XXX	Sex
BmB	Bitte mit Bild
PV	Partnervermittlung
ohne Altlasten	bereits den Ex überwunden
ohne Anhang	keine Kinder aus vorheriger Beziehung

Kontakt per Handy

Praktisch und unproblematisch ist es, in der Anzeige zur Kontaktaufnahme eine Handynummer anzugeben. Die Hemmschwelle, zum Telefon zu greifen, um die Verbindung aufzunehmen, ist im

Vergleich zum Schriftverkehr per Brief oder Mail gering. Legen Sie sich am besten mehrere „Partnerhandys" an. Jederzeit und überall erreichbar sein – das mobile Telefon und das Smartphone machen es möglich. Das hat den Vorteil, dass Sie sofort Bescheid wissen: Wenn eines dieser Handys klingelt, dann kann es sich nur um eine Leserin oder einen Leser handeln, die oder der Ihren Anzeigentext in der Zeitung gelesen hat. Wenn Sie an mehreren Wochenenden mit unterschiedlicher Handynummer und unterschiedlichem Alter annoncieren, haben Sie beste Chancen, einen großen Kreis von Interessierten anzusprechen, und werden nicht gleich erkannt.

Kontakt per E-Mail

Sollten Sie sich für den Kontakt per E-Mail entscheiden, ist es empfehlenswert, nicht Ihre geschäftliche E-Mail-Adresse zu verwenden. Legen Sie sich für diesen Fall eine neue an. Wenn Sie um

Ihren Persönlichkeitsschutz fürchten, sollte die Adresse nicht Ihren Vor- und Nachnamen enthalten, sondern völlig frei erfunden sein.

Sie haben die Möglichkeit, in der E-Mail-Adresse Ihren Vor- und Nachnamen bei dem jeweiligen E-Mail-Anbieter auszublenden. Sie können sich problemlos mehrere unterschiedliche Mail-Adressen anlegen. Diese sollten aber zu Ihrem Anzeigentext passen. Bei Mail-Anbietern können Sie sich kostenlos registrieren und Ihre E-Mail-Adresse jederzeit wieder abmelden oder auf Eis legen.

Im Vergleich mit der Resonanz auf eine Handynummer zeigt die Erfahrung, dass Sie auf eine Anzeige, bei der die Leserin oder der Leser mit Ihnen über eine E-Mail-Adresse in Kontakt treten soll, wenig bis gar keine Antworten bekommen werden.

Erweiterung des Kandidatenkreises

Von Zeit zu Zeit melden sich wieder die gleichen Frauen und Männer, mit denen Sie sich vielleicht schon einmal getroffen haben oder irgendwelche Spaßvögel. Legen Sie sich deshalb für diesen Zweck einen Leitz-Ordner mit sechs Trennblattregistern an. Das Jahr hat zwölf Monate. Beschriften Sie ein Trennblattregister mit jeweils zwei Monaten, zum Beispiel Januar und Februar. Im nächsten Schritt nehmen Sie sich ein leeres Blatt zur Hand, schneiden Ihren aufgegebenen Anzeigentext mit dem entsprechenden Wochentag aus und kleben diesen auf das leere Blatt Papier. Unter Ihrem Anzeigentext legen Sie sich stichpunktartig eine Liste mit Handynummer, Namen, Wohnort sowie dem Beruf der Bekanntschaften an, die sich im Laufe der Zeit bei Ihnen melden. Auf diese Weise behalten Sie immer den Überblick und können schnell feststellen, wenn sich die gleichen Frauen oder Männer auf Ihre

Anzeige melden. Sollte das der Fall sein, wechseln Sie ganz einfach auf eine andere Tageszeitung oder setzen mit Ihren Anzeigen zwei bis drei Wochen aus und probieren es dann erneut. Das funktioniert!

Annoncieren Sie mit unterschiedlichem Alter, unterschiedlicher Körpergröße und verschiedenen Handynummern. Ihr falsches Alter können Sie später immer noch richtigstellen. Allerdings sollte es kein zu gravierender Altersunterschied sein. Sind Sie 35 Jahre alt und 1,76 Meter groß, können Sie im Anzeigentext der darauffolgenden Woche 38 Jahre und 1,78 Meter sein, aber nicht 55 Jahre und 1,83 Meter. Das fällt sofort auf. Ihre Bekanntschaft wird bei einem Treffen mit Sicherheit irritiert sein oder sich gar getäuscht fühlen. Wenn Sie Ihren Anzeigentext wöchentlich moderat variieren, werden sich umso mehr Gelegenheiten für neue Bekanntschaften ergeben. Die folgenden Fehler sollten Ihnen aus Gründen der Seriosität beim Annoncieren auf keinen Fall passieren.

Beispiel 1: In der Samstagsausgabe der Zeitung geben Sie folgenden Anzeigentext mit Handynummer auf:

Nikolaus (35/176) hat schon die Gaben, möchte aber noch ein Christkind haben. Tel. 0162…

Am darauffolgenden Samstag annoncieren Sie mit dem gleichen Anzeigentext wieder, nur mit anderer Handynummer, Größe und anderem Alter:

Nikolaus (38/178) hat schon die Gaben, möchte aber noch ein Christkind haben. Tel. 0151…

Beispiel 2: Wiederum für die Samstagsausgabe geben Sie folgenden Anzeigentext mit Handynummer auf:

Sportliche Sie, 55, 175, sucht unternehmungslustigen Ihn für feste Beziehung. Tel. 0170…

Am darauffolgenden Samstag annoncieren Sie mit einem anderen Anzeigentext, Alter und anderer Größe wieder, setzen aber die gleiche Handynummer ein wie die Woche zuvor:

Hey, diesen Sommer schon etwas vor? Frau, 52, 176 sucht gut gelaunten Mann für Unternehmungen. Tel. 0170…

Solche Nachlässigkeiten sollten Ihnen nicht passieren. Schnell werden Ihnen unfaire Praktiken unterstellt.

Geben Sie jede Woche einen anderen Anzeigentext auf mit einer jeweils anderen Handynummer in unterschiedlichen Zeitabständen. Zwischenzeitlich machen Sie eine kleine Pause von ein bis zwei Wochen, damit Sie die Kontakte in Ruhe abarbeiten können. Es kommt vor, dass Ihr Gegenüber am Telefon für Ihren Geschmack zu viel über Sie als Person wissen will, bevor überhaupt das eigentliche Treffen zustande gekommen ist.

Machen Sie nicht den Fehler, gleich alles über sich auszuplaudern. Werden Sie akribisch zu Ihrem Wohnort, Nachnamen und weiteren persönlichen Daten befragt, sagen Sie ganz einfach: „Darüber unterhalten wir uns bei unserem Treffen!" Dann können Sie gemeinsam besprechen, an welchem Tag und um welche Uhrzeit sie oder er Zeit für ein Treffen hat.

Wunsch nach Foto

Bevor das eigentliche Treffen überhaupt zustande kommt, kann es durchaus sein, dass Ihre Bekanntschaft oder Sie selbst ein Foto sehen möchten, um festzustellen, ob gegenseitige Sympathie möglich scheint oder um Zweifel und Bedenken abzubauen.

Fragt Sie Ihre Bekanntschaft, ob er oder sie ein Foto von Ihnen über Handy bekommen kann, können Sie, sofern Sie keines von sich auf Ihrem Handy haben, dem Gegenüber auch Ihre Mailadresse über Handy mitteilen und sagen: „Habe meine Fotos alle am PC, gebe dir mal meine Mailadresse ... Da kannst du mir ein Foto von dir zuschicken und ich schicke dir gleich eins zurück."

Ihr Foto sollten Sie sorgfältig aussuchen. Wesentlich ist, dass Sie freundlich schauen und eine offene Körperhaltung einnehmen.

Es kommt durchaus vor, dass sich Ihr Gegenüber nicht mehr bei Ihnen meldet, nachdem Sie das Foto verschickt haben. Dann können Sie davon ausgehen, dass kein Interesse besteht. Werden Sie nicht nach einem Foto gefragt, brauchen Sie auch nicht den Wunsch danach zu äußern. Sie können sich auch ohne Foto treffen. So ist der Überraschungseffekt am größten. Machen Sie für den Tag Ihres Treffens ein Erkennungszeichen aus. Sie können Ihre regionale Zeitung unterm Arm halten oder einen auffälligen Treffpunkt wie ein Denkmal, ein Fachwerkhaus oder einen Brunnen ansteuern, der in der Nähe Ihres Treffpunkts liegt.

Musteranzeigen

Nicht jeder, der mühelos ein Gespräch führt, kann sich genauso leicht schriftlich äußern. Auf den nachfolgenden Seiten ist deshalb eine Reihe von Vorschlägen für Anzeigentexte zusammengestellt, bei denen Sie nur noch Ihre persönlichen Daten einzusetzen brauchen. Ein Anruf in der Anzeigenabteilung Ihrer regionalen Zeitung ist alles, was für Sie zu tun bleibt. Dort geben Sie den ausformulierten Anzeigentext auf. Entscheiden Sie sich für einen selbst formulierten Text, so achten Sie darauf, dass dieser humorvoll, interesseweckend und schmeichelnd formuliert ist.

Hier also Beispiele, die aktuellen Ereignissen und wichtigen Daten im Jahresverlauf angepasst sind:

Winteranzeige

> *Schneeflöckchen – wann kommst du geschneit? Dein Weg zu mir (Alter/Größe) ist nicht weit! Tel. 0175…*

Weihnachtsanzeigen

> *Die Nikolauszeit ist nah, doch mein Christkind fern, melde dich beim Weihnachtsmann (Alter/Größe), du einsamer Stern. Tel. 0152…*

Weihnachten ist nicht mehr weit, Christkind (Alter/Größe) käme gerne zum Weihnachtsmann geschneit! Tel. 0178…

Gut gelauntes Christkind (Alter/Größe) schaut nach einem Weihnachtsmann aus. Wo bist du? Tel. 0172…

Am Weihnachtsmarkt die Lichter blinken, viele einen Glühwein trinken. Am besten schmeckt er ja zu zweit, hättest du nicht für mich (Alter/Größe) Zeit? Tel. 0163…

Schneeflöckchen, bist du bereit, wann kommst du zu mir (Alter-jähriger Schneemann) geschneit, es ist wieder Weihnachtsmarktzeit. Tel. 0176…

SOS an Christkind. Weihnachtsmann (Alter/Größe) in Nöten, seine Nikolausausrüstung ging flöten. Welches Christkind ist bereit zu helfen in dieser schweren Zeit? Tel. 0151…

SOS vom Weihnachtsmann (Alter/Größe), der kein Christkind finden kann. Hilf ihm aus der Einsamkeit, schöner ist es doch zu zweit! Tel. 0179…

Der Weihnachtsmann (Alter/Größe) spannt den Rentierschlitten an. Er fährt von Haus zu Haus, vielleicht schaut mal ein Christkind raus. Tel. 0176…

Nikolaus (Alter/Größe) hat schon die Gaben, möchte aber noch ein Christkind haben. Tel. 0162…

Valentinstaganzeige

Am Valentinstag noch allein? Sie (Alter/Größe) sucht Ihn zum Glücklichsein. Tel. 0179…

Frühlingsanzeigen

Warum noch länger warten, lass uns in den Frühling starten. Frau (Alter/Größe) sucht humorvollen Mann. Tel. 0163…

Genieße schöne Frühlingsabende mit mir (Alter, Größe, männlich). Tel. 0162…

Einander an die Hand nehmen und durch die Frühlingssonne spazieren mit mir (Alter, Größe, weiblich).

Tel. 0151…

Schmetterlingsmann (Alter, Größe) sucht Schmetterlingsfrau zum Abheben auf Wolke 7. Tel. 0171…

Frühlingsgefühle zu verschenken von ihr (Alter/Größe). Tel. 0175…

Maianzeige

Gut gelaunter Maikäfer (Alter/Größe) möchte mit dir die schönen Frühlingsabende genießen. Tel. 0179…

Sommeranzeigen

Was macht jetzt der Weihnachtsmann (Alter/Größe)? Er zieht bald seine Badehose an, Weihnachten ist ja noch weit, er hat jetzt für ein Christkind (bis Alter) Zeit!

Tel. 0162...

Hey, diesen Sommer schon etwas vor? Frau, Alter/Größe, sucht gut gelaunten Mann für Unternehmungen. Tel. 0179...

Herbstanzeige

Der Herbst ist da, doch du bist fern, melde dich bei mir

(Alter, Größe, weiblich) du einsamer Stern! Tel. 0152...

Allgemeine Anzeigen

Sportliche Sie, Alter/Größe, sucht unternehmungslustigen Ihn für feste Beziehung. Tel. 0175...

Willkommen zum 1. Singletreff bis ... Jahre, interessiert? Tel. 0157...

Tanzanfänger (Alter/Größe) möchte endlich lernen, wie Johnny in Dirty Dancing den Hüftschwung macht. Möchtest du mein Baby sein? Tel. 0172...

Gut gelaunte (Alter)-Jährige, Größe, sucht tanzbegeisterten Mann für Tanzkurs. Tel. 0171...

29

Wenn wir zwei uns begegnen, fangen Träume an zu leben. Am besten träumen kann man ja zu zweit, hättest du nicht für mich (Alter/Größe, männlich) Zeit? Tel. 0176…

Eine Träne rinnt über meine Wange, eine Träne voller Glück, doch die Träne zeigt auch Trauer, denn du schreibst mir (Alter/Größe, weiblich) nicht zurück.
Tel. 0163…

Deine Nähe und Zuneigung. Für unsere Zukunft freut sich sie (Alter/Größe) auf ein Leben mit dir. Tel. 0160...

(Alter)-Jähriger sucht Gleichgesinnte für Freizeitgestaltung. Tel. 0171…

Er, Alter/Größe sehnt sich nach Wärme, vertrauter Zweisamkeit sucht Sie für gemeinsame Beziehung. Tel. 0175…

(Alter)-Jährige sucht neuen Freundeskreis für Freizeitgestaltung. Tel. 0171…

Chiffreanzeigen

Unter den Kontaktgesuchen in der Zeitung finden sich auch immer Chiffreanzeigen. Diese Art der Beziehungsaufnahme mag in Zeiten von Handy und

E-Mail erstaunen. Der Wunsch, sich auf Partnersuche zunächst hinter einer Nummer zu verbergen, ist allerdings verständlich.

Chiffreanzeigen funktionieren, indem die Zeitung eine Chiffrenummer an Sie vergibt. Sie treten weder namentlich noch in anderer Form in Erscheinung. Sie bleiben absolut anonym. Die Leserinnen und Leser Ihrer Anzeige können nur über diese Chiffrenummer mit Ihnen in Briefkontakt treten. Wer auf eine Chiffreanzeige antwortet, gibt seine Identität preis, ohne zu wissen, wen er bzw. sie vor sich hat. Für die integre Haltung des Inserenten spricht, wenn er oder sie sich zumindest für die Zuschrift bedankt, auch wenn es zu keinen weiteren Kontakten kommt.

Bei Chiffreanzeigen fallen zusätzlich Portokosten an, wenn Sie die Zuschriften nicht in der Anzeigenannahme vor Ort abholen.

Musterbrief

Auf die Chiffreanzeige, die Sie in der Zeitung gelesen haben, antworten Sie, indem Sie zu Beginn Ihres Briefes Bezug auf den Anzeigentext nehmen. Schreiben Sie sodann kurz ein paar Sätze zu Ihrer Person. Enthält der Brief gegen Ende eine interessante Frage, erhöht sich damit für Sie die Chance, dass die Inserentin oder der Inserent Sie kontaktiert. Legen Sie ein Farbfoto dazu, auf dem nur Sie zu sehen sind mit schönem Lächeln auf den Lippen und offener Körperhaltung.

Geben Sie Ihre Handynummer und eine Mailadresse an und schließen Sie Ihren Brief mit einem Satz ab wie: „Ich freue mich darauf, dich näher kennenzulernen."

Eine Vorstellung davon, wie ein solcher Brief aussehen könnte, zeigt das nachfolgende Beispiel. Dieser Anzeigentext stand in einer Zeitung:

28 J./1,64 m große Frau möchte einen humorvollen Mann ab 1,80 m bis 35 Jahre kennenlernen. Chiffre 1170710

Antwortbrief:

Hallo, junge Frau,

du suchst einen humorvollen Jungen ab 1,80 m, der nicht älter als 35 Jahre sein soll. Hoffe, es ist nicht schlimm, dass ich erst kürzlich 36 Jahre alt geworden bin. Das eine Jahr wird sich wohl kaum negativ auswirken.

Wenn du nichts dagegen hast, stelle ich mich kurz vor: Heiße Andre, bin 1,85 m groß und wiege 80 kg.

In meiner Freizeit erkunde ich die Gegend gerne mit dem Rad, besuche sportliche Veranstaltungen oder gehe ins Kino, am liebsten in Filme, in denen es viel zu lachen gibt.

Was unternimmst du denn so alles in deiner Freizeit?

Erste Kontaktaufnahme per SMS, am besten abends ab 21 Uhr unter 0172… .

Ich freue mich darauf, dich näher kennenzulernen.

Fröhlichst   Andre

Zum Schreiben verwenden Sie am besten einen grünen Tintenfüller, weil grün Hoffnung symbolisiert. Ein Bleistift ist für einen Brief nicht angebracht.

Tabuzeitpunkte für Anzeigen

An einigen Tagen im Jahr sollten Sie keine Bekanntschaftsanzeigen schalten, da Sie erfahrungsgemäß nur wenig bis gar keine Resonanz bekommen werden. Zu diesen schlechten Zeitpunkten gehören Brückentage, die zwischen einem Feiertag und dem Wochenende liegen, Fasching, Ostern und Pfingsten sowie zwei Wochen vor, in und nach den Sommerferien, nach Weihnachten und Silvester.

Ausgangspunkt Kontaktbörsen

Die zeitgemäße Form, eine Partnerin oder einen Partner zu suchen und zu treffen, bieten die Kontaktbörsen im Internet. Der englische Begriff dafür ist Online-Dating. Die Partnersuche über Kontaktbörsen folgt anderen Spielregeln als das Zeitungsinserat.

Kommunikation im Internet

Jedes Medium hat seine eigene Sprache, so auch das Internet. Die Kürzel und Zeichen im Internet unterscheiden sich von denen im Zeitungsinserat. Die wichtigsten Zeichen, die häufig in der Internetkommunikation eingesetzt werden, habe ich mit kurzen Erläuterungen für Sie zusammengestellt.

Besonders beliebt sind Zeichen, die Gefühlszustände ausdrücken. Solche Zeichen nennt man Smileys oder Emoticons. Sie werden im Mailverkehr verwendet. Wenn Sie sich auf einer Singlebörse im Internet angemeldet haben und dort mit Ihrer Bekanntschaft einen Flirtkontakt herstellen möchten, dann greifen Sie auf diese Emoticons zurück.

Die gebräuchlichsten Zeichen sind hier zusammengestellt:

Zeichen	steht für
:-D	lautes Lachen
;-)	Augenzwinkern
:-(, :-((	traurig, noch trauriger
:-), :-))	lustig, noch lustiger

Singlebörsen

Mit den wichtigsten Zeichen im Hinterkopf, die in der Internetkommunikation üblich sind, machen Sie sich auf die Suche nach einer passenden Online-Kontaktbörse.

Welche Singleplattform für Sie die richtige ist, hängt davon ab, welchen Typ Frau oder Mann Sie suchen; ob Ihnen beispielsweise ein akademischer

Hintergrund sehr wichtig ist oder andere Dinge im Vordergrund stehen. Ist Ihnen ein akademischer Grad sehr wichtig, kommt die Singlebörse Parship in Betracht.

Weiterhin müssen Sie sich auch vorab im Klaren darüber sein, wie viel Geld Sie in eine Premium-Mitgliedschaft bei einer entsprechenden Plattform investieren möchten. Die Kosten für eine Premium-Mitgliedschaft hängen von der jeweiligen Dauer der Mitgliedschaft ab.

Profilerstellung

Bevor Sie mit der Profilerstellung auf einer Online-Kontaktbörse beginnen, informieren Sie sich vorab im Internet auf der Website www.singleboersen-vergleich.de. Hier werden die Leistungen der zurzeit führenden Anbieter von Singlebörsen miteinander verglichen. Die Bewertung im Einzelnen erleichtert Ihnen die Wahl der Börse, die für Sie die am besten geeignete ist.

Haben Sie sich für eine Online-Kontaktbörse entschieden, füllen Sie bei der jeweiligen Plattform zunächst einen Online-Fragebogen aus, damit Ihr Profil veröffentlicht werden kann. Halten Sie sich beim Ausfüllen des Online-Fragebogens mit den Antworten etwas bedeckt. Sie müssen nicht gleich zu Beginn in Ihrem Profil alles Private von sich preisgeben. Ihr Gegenüber soll Sie schließlich persönlich kennenlernen und nicht nur im virtuellen Netz.

Zum Beispiel ist es zu Beginn gar nicht wichtig, welchen Beruf Sie ausüben. Der Beruf sollte in Ihrem fertig erstellten Profil gar nicht erst auftauchen, denn der Beruf ist nicht maßgeblich dafür, ob Sie Ihr Gegenüber sympathisch findet. Beim Online-Dating gilt der Grundsatz: „Weniger ist oft mehr!"

Nach Ihrer Profilerstellung stellen Sie sich zunächst eine mögliche Favoritenliste von Wunschkandidatinnen oder Wunschkandidaten zusammen. Im nächsten Schritt entscheiden Sie, mit wem Sie schriftlich Kontakt aufnehmen möchten.

Achten Sie darauf, dass die ausgewählten Profile „frisch" sind, also nicht länger als drei Tage online waren. Karteileichen können Sie nicht anschreiben ;-). Sorgen Sie auch für genug Profile in Ihrer selbst erstellten Favoritenliste. Bei weniger als 30 Profilen werden Sie kaum ein Treffen mit einer Ihrer Wunschkandidatinnen oder Ihrem Wunschkandidaten zustande bekommen, da meist nur wenige Börsenteilnehmer online sind und die Kontaktaufnahme nur sinnvoll ist bzw. zustande kommt, wenn die Kandidatin oder der Kandidat online ist.

Nickname

Beim Online-Dating können Sie in der Regel nicht Ihren echten Vor- und Zunamen verwenden, sondern müssen sich einen Spitznamen, einen sogenannten Nickname, ausdenken. Der Ausdruck ist aus dem Englischen übernommen. Der Nickname ist der Begriff, mit dem Sie auf der Singlebörse angemeldet sind und der auch aus Ihrem Profil ersichtlich ist. Ihr ausgedachter Nickname sollte auf jeden Fall etwas über Sie selbst aussagen. Sind Sie zum Beispiel 1,85 m groß, könnte Ihr Nickname lauten: „Großer". Wird Ihr Spitzname bereits von einem anderen Nutzer verwendet, können Sie Ihr Geburtsjahr hinter den Nickname setzen, um sich eindeutig voneinander abzugrenzen.

Profilfoto

Ihr Profilfoto trägt entscheidend zu Ihrem Erfolg bei der Singlebörse bei. Es ist Ihr Aushängeschild. Das

Interesse für Ihre Person wecken Sie bei den übrigen Börsenteilnehmern über Ihr Foto. Ob Ihr Profil angeklickt wird, hängt von der Ausdrucksstärke des Fotos ab. Sie können je nach Singlebörse bis zu fünf Bilder in Ihr Profil hochladen.

Wesentliche Kennzeichen der Aufnahme müssen sein, dass Sie natürlich lächeln und eine offene Körperhaltung zeigen. Ihr Foto sollte aktuell sein. Passbilder wirken förmlich, weil sie an Bewerbungsfotos denken lassen, und sind deshalb für eine Singleplattform ungeeignet. Schließlich möchte Sie ja Ihr Gegenüber nicht unbedingt im Anzug kennenlernen.

Ein Bild, das Sie in Ihrem Badezimmer vor dem Spiegel machen, indem Sie den Selbstauslöseknopf Ihres Fotohandys drücken, vermittelt Einsamkeit und Verzweiflung. Stattdessen lassen Sie sich lieber im Freien von einem Freund oder Bekannten im Garten vor grünen Bäumen fotografieren, weil

Bilder, die im Freien gemacht werden, freundlicher wirken.

Ein Foto, auf dem mehrere Personen oder die Gesichter von mehreren Personen zu sehen sind, lehnt die Singlebörse ab. Daher sollten nur Sie auf dem Foto abgebildet sein.

Online-Kontaktaufnahme

Nachdem Ihr Profil fertig gestellt ist und Sie Ihre Wunschkandidatinnen und Wunschkandidaten in die Liste hochgeladen haben, können Sie mit der Kontaktaufnahme beginnen. Wichtig ist es vor allem, dass Sie keine Standardmails verschicken, sondern sich vorher mit dem Profil des Empfängers auseinandergesetzt haben. Mails, die nicht originell sind, landen sofort im Papierkorb Ihres Wunschkandidaten.

Humor und intelligenter Witz sind die Schlüssel zu einem gelungenen Austausch. Gehen Sie auf das

Profil der Angeschriebenen ein, beziehen Sie sich auf ihren lustigen Nickname. Wenn Ihre Mails Interesse wecken sollen, so schreiben Sie humorvoll, schmeicheln Sie, aber nicht platt, sondern dezent.

Ein praktisches Beispiel mag verdeutlichen, wie die Kommunikation über eine Online-Dating-Plattform positiv verläuft. Der Nickname der Frau war „keks".

Beispiele für Mailaustausch:

Hi Keks,
welcher Keks darf`s denn sein? Mit Schoko, mit Waffel oder mit Marmelade? ;-) LG

Hey Großer,
ein Keks mit viel Schokolade bitte! :D Wie geht´s dir? Einen guten Start in die Woche gehabt? :-) LG

Hi,
sehr gerne – hier bitteschön, aber nicht so rumschmieren mit der Schokolade. ;-)

Danke, mein Wochenstart war gut. Keine Auffälligkeiten. Und wie bist du mit dem ersten Tag der Woche zufrieden? :-) Studierst du? LG Andre

Dankeschön :) *mumpfmumpf* sehr lecker! ;) Hoffe, jetzt hab ich keinen Schokoladenbart *g* Mein Start war auch ganz gut. Ich mache ein duales Studium und hab momentan Praxisphase. Und was machst du? :) LG Andrea

Hallo Andrea,
also irgendwie hast du hier jetzt lauter Keksbrösel verteilt… ;-) Duales Studium klingt interessant. Mit welchem Berufsziel? Ich bin angehender Betriebswirt an der Handelsschule.
Und – hast du noch einen Urlaub geplant dieses Jahr oder ist der schon vorbei?
So jetzt aber: Gute Nacht, Andre

Hey Andre,
passiert, wenn man so viele Kekse isst. Sieht aus wie bei einem Krümelmonster :D
Bachelor of Laws, also bis vor kurzem hieß es noch Diplom-Verwaltungswirt. Urlaub hatte ich schon ein

bisschen, aber nächste Woche bin ich 5 Tage auf Sardinien! :)
Und wie sieht`s bei dir aus? Auch noch was geplant?
Du warst aber noch lange auf… ;)
Gute Nacht :) Andrea

Hallo Andrea,
hey, Bachelor of Laws klingt cool. ;-)
Sardinien … dann bist du ja schon in Urlaubsvorfreude. Da ist es bestimmt toll jetzt im September. Ich habe dieses Jahr keinen Urlaub mehr geplant, aber nächstes Jahr will ich vielleicht mal nach Mallorca. Wie findest du es „hier"?
Lieben Gruß Andre

Jaa, freu mich schon :) Da ist es noch schön warm und nicht mehr ganz so viele Leute wie in der Hochsaison. Bin mal gespannt, wie`s wird.
Mallorca soll auch ganz schön sein, war noch nie dort, aber daran hatte ich dieses Jahr sogar gedacht. Willst du dann die Insel erkunden oder eher Partyurlaub?
Nur am Ballermann würde ich es, glaub ich, nicht aushalten, aber dort gibt`s ja auch noch andere schöne Ecken. :)
Ist ganz nett „hier". ;) Wie lange bist du denn schon hier?
Lieben Gruß zurück :) Andrea

Hi Andrea,

also, wenn Mallorca, dann ganz klar NICHT Ballermann und keinen Partyurlaub, sondern Insel, Land und Leute erkunden. :-) Ich habe gehört, im Norden Mallorcas soll es ganz schön sein. Ich bin seit ungefähr 2 Monaten „hier". Finde es mal so, mal so. Mit dir zu schreiben und dir Kekse zu bringen, ist natürlich toll. ;-) Aber es gibt auch ein paar seltsame Menschen hier auf der Plattform.
Schon Wochenendpläne?
Liebe Grüße Andre

Hi Andre,

so stell ich mir Urlaub auch eher vor. Man will ja auch was von dem Land kennenlernen. Da muss ich dir recht geben, hier sind schon seltsame Menschen. Das war dann auch der Grund, warum ich das Profilbild nicht lange drin hatte. Bin ja erst eine Woche angemeldet, aber dass sich so schnell ein nettes Gespräch ergibt und ich Kekse bekomme, hätte ich nicht gedacht. :)
Bis jetzt hab ich gar nicht so viel fürs Wochenende geplant. Eventuell Samstag mal in die Stadt gehen, aber ich entscheide das meistens spontan. ;) Hast du schon was geplant? So jetzt ist es aber spät genug.
Gute Nacht! :) und liebe Grüße Andrea

Hallo Andrea,

stimmt, Land und Leute gehören im Urlaub dazu. Sonst kann man doch auch zu Hause bleiben. :-) Ich habe auch noch nichts Spezielles fürs Wochenende geplant, bisschen rausgehen, die Sonne genießen, wenn sie sich zeigt… mal sehen. Wo bist du denn so unterwegs, wenn du mal weggehst? Kennst du die XY-Bar?
Schönen Abend und lieben Gruß Andre

Hey Andre,

dieses Wochenende muss man das gute Wetter noch mal nutzen. Soll ja ab nächster Woche wieder kälter werden :(Wenn ich unterwegs bin, dann meistens Cocktails trinken in der XY-Bar oder wenn es da mal wieder überfüllt ist, España oder M. M.. Ansonsten zum Feiern am ehesten im Club XY. Und wo bist du anzutreffen?
Hoffe, du hattest auch einen schönen Abend :)
Liebe Grüße Andrea

Hi Andrea,

in der XY-Bar bin ich auch ganz gerne. Oder im Café. Wie wär`s mal mit einem gemeinsamen Cocktail in der Bar (also es bekommt schon jeder sein eigenes Getränk… ;-))? Persönlich unterhält es sich irgendwie noch besser. :-)
LG Andre

Hey Andre,

das Café hab ich vergessen, aber da ist es auch ganz schön. Da hast du Recht, persönlich kann man sich besser unterhalten. Können gerne mal einen (zwei ;)) Cocktails trinken gehen! :) Ich bin aber erst mal von Mittwoch bis Sonntag auf Sardinien. ;)
Lieben Gruß Andrea

Hi Andrea,

schön, dann freu ich mich jetzt schon auf ein, zwei oder drei Cocktails mit dir und sonnige Berichte aus Sardinien. :-) Einen gemütlichen Abend Andre

Hallo Andre,

wie geht`s dir? Bin wieder im kalten Deutschland angekommen. Urlaub war richtig schön und vor allem warm. :) Wünsch dir einen guten Start in die Woche!
Liebe Grüße Andrea

Hallo Andrea,

schön von dir zu lesen. Welcome back! :-) Mir geht es ganz gut – aber es ist wirklich ein bisschen zu kalt…
Wie wär`s (um deine Urlaubslaune noch ein bisschen zu erhalten) mit ein paar Cocktails diese Woche? Mittwoch oder Donnerstag?
Liebe Grüße Andre

Hey Andre,

das klingt wirklich gut, aber ich kann nur Freitag und Samstag. Während der Praxisphase wohn ich nicht in XY und bin dann nur am Wochenende da. Hast du da Zeit?
Bis bald Andrea

Hi Andrea,
ach so – na dann Samstag :-) 19 Uhr?
Wollen wir in die Bar gehen?
Bis bald Andre

Hi Andre,
ja, find ich gut und Samstag um 19 Uhr passt mir auch ganz gut. Freut mich, dass es klappt.
So, ich geh dann mal schlafen, gute Nacht :)

Hi Andrea,
freut mich auch. :-) Wollen wir uns am Sa. um 19 Uhr vor dem Brunnen treffen? Wie erkenne ich dich denn eigentlich? Hier ist ja kein Foto mehr von dir sichtbar. Hast du eine Packung Kekse dabei? ;-)
Bis bald Andre

Guten Morgen, Andre, ja, dann um 19 Uhr vor dem Brunnen. Stimmt, du hast ja gar kein Bild. Eigentlich eine witzige Idee, dann bring ich Kekse mit. ;)
Ich hoffe, ich erkenn dich. Ist dein Profilbild aktuell? :)
Wünsch dir einen schönen Tag! :) Andrea

Hallo Andrea,
gut dann bis Sa., 19 Uhr. Wäre wirklich lustig, wenn du eine Packung Prinzenrolle oder so dabei hast. Dann erkenne ich dich auch gleich. Machst du das? Ansonsten: Ja, meine Fotos sind aktuell. :-)
Bis übermorgen Andre

Hi Andre,
ich lass mir was einfallen. :D
So viele Leute werden da bestimmt nicht rumstehen. ;)
Bis Samstag :)

Hier ein weiteres Beispiel: Der Nickname war Häschen. Sie hatte aber bereits in der ersten Mail ihren Vornamen genannt und dabei blieb es. In dem Profil stand unter anderem, dass sie Physiotherapeutin ist und Angst vor Spinnen hat.

Betreff: acht

Hallo Häschen,

du hast Angst vor Spinnen? Dabei könnte ich mir vorstellen, dass man sie mit ihren acht Beinen gut physiotherapeutisch behandeln könnte. -) Lieben Gruß

Hallo Großer,

da hätte ich auf jeden Fall genug zu tun. :-D

Aber dann behandle ich doch lieber Lebewesen mit maximal vier Beinen ;-) Davon gibt es ja genug auf der Welt. Die Angst hält sich allerdings in Grenzen. Nur wenn mich eine Spinne überrascht, kann es zu einem kleinen Schreianfall kommen. ;-) Und du hast also vor nichts Angst? ;-) Noch mehr interessiert mich aber, wie du die Sportart Tanzen betreibst?

Lieben Gruß Michaela

Betreff: Tanz

Hallo Michaela,

maximal vier Beine – dann behandelst du z.B. auch Hunde? Tanzen, ja … also ich hab mal einen Grundkurs gemacht und fand das ganz gut und lustig. Bin also offen für weitere Kurse, bei denen man sich zur Musik bewegt. :-) Und du tanzt auch?

Lieben Gruß Andre

Hallo Andre,

noch behandle ich keine vierbeinigen Tiere. Aber ich habe vor, mich irgendwann auch für diesen Bereich fortzubilden. Das dauert allerdings noch. Erst muss ich mein Fernstudium zu Ende machen und dann mache ich erst mal eine Fortbildung im Fachbereich Neurologie.

Falls ich dich wirklich näher kennenlernen darf, werde ich mir zur Aufgabe machen herauszufinden, vor was du Angst hast. Vor irgendetwas hat man immer Angst. ;-)

Ich habe mit dem Tanzen mit zarten 14 Jahren angefangen. Jedoch musste ich, da kein Tanzpartner und keine Zeit da waren, die letzten drei Jahre pausieren. Ich würde aber gerne mein Hobby wieder aufnehmen. Das macht mich einfach glücklich. :-) Sehr gerne würde ich sogar noch einmal Turniertanz ausprobieren. Ich habe schon mal damit angefangen. Allerdings war die Gruppe zu klein und hat sich dann aufgelöst.

Was machst du eigentlich beruflich? Und hattest du einen guten Start in die Woche?

Ich kann gerade nicht schlafen und bin froh, dass ich morgen frei habe. :-) Das finde ich immer schlimm, wenn man in der Nacht aufwacht und sich dann denkt, dass man nicht mehr viel Zeit zum Schlafen hat. In diesem Fall würde es ja noch gehen. Das wären immerhin noch etwas mehr als zwei Stunden.

Jetzt mach' ich wieder meine Äuglein zu. :-) Ich hoffe, du hast eine bessere Nacht. Liebe Grüße
Michaela

Betreff: Nacht
Hallo Michaela,
konntest du letzte Nacht noch etwas schlafen? Zum Glück hast du heute frei.
Klingen interessant, deine beruflichen Pläne. Ich bin angehender Betriebswirt, im Sommer bin ich damit fertig. Wenn tanzen dich glücklich macht, dann solltest du es wieder anfangen. Das Leben ist zu kurz, um ewig zu warten. :-) Wo gehst du abends hin, wenn du weggehst?
Liebe angstlose Grüße Andre

Hallo Andre,
danke. Irgendwann bin ich dann doch noch eingeschlafen. Da bist du wahrscheinlich gerade sehr beschäftigt mit deinem Abschluss. Hast du dich schon beworben oder eine Idee, wo genau du dann arbeiten möchtest?
Wenn ich zum Februar hierher ziehe, habe ich auch vor, mir bald etwas zu suchen.
Hier in A. habe ich auch schon damit angefangen. Ich kann aber nicht immer für das Tanzen nach A. pendeln.

Vielleicht bist du ja ein möglicher Kandidat als mein Tanzpartner ;-) Bisher war ich hier leider noch gar nicht abends aus. Aber ich würde unglaublich gerne mal wieder etwas unternehmen. Ich war meistens am Wochenende in der Stadt, aber das soll sich ändern.

Wo gehst du denn hin? Hast du Empfehlungen?

Ich ziehe in B. erst mal in eine WG, um überhaupt Anschluss zu finden. Und dann schau ich mal weiter, wie es mir gefällt. Wenn dann für das Sommersemester das neue Programm vom Hochschulsport steht, werde ich mir auch da etwas raussuchen. Studierst du in XY?

Liebe Grüße Michaela

Hi Michaela,

ja, ich studiere in XY.

Ein bisschen Lerneinsatz fordert der Abschluss natürlich schon, jetzt beim Endspurt…;-) Ich hab noch keine konkrete Idee, wo ich dann arbeiten möchte. Aber das wird sich schon noch herauskristallisieren.

Ach, du ziehst erst im Februar nach B. Das ist ja wahrscheinlich eine spannende Zeit für dich. Dann könnte ich dir doch gleich mal die XY-Bar zeigen. :-) Hast du Lust auf eine Cocktailprobe?

Lieben Gruß Andre

Hey Andre,

ja, ich bin sehr gespannt, wie schnell ich mich einleben werde und wie es sein wird und was ich für Leute kennenlernen werde…-)

Sehr gerne kannst du mir die Bar zeigen, sobald ich eingezogen bin. Im Moment bin ich voll verplant. In welchem Stadtteil wohnst du?

Liebe Grüße Michaela

Betreff: Stadtteil

Hallo Michaela,

glaub ich, dass das aufregend ist. XY-Bar ist fest eingeplant. Irgendwann Anfang Februar. :-)

Ich wohne in XY. In welchen Stadtteil ziehst du?

Liebe Grüße Andre

Hey Andre,

meine Antwort wurde anscheinend nicht abgeschickt. Ich wohne in der Nähe des Museums. Das passt ganz gut mit der XY-Bar. Die ist ja nicht weit weg. :-)

Ich war heute mal in der Stadt und habe mich ein bisschen umgeschaut. Echt super, dass ich alles relativ gut zu Fuß erreichen kann. Das ist etwas Neues. Sonst habe ich immer eher in einem Dorf oder in einer Kleinstadt gewohnt.

Sobald ich mein Zimmer eingeräumt habe und ein bisschen angekommen bin, kann ich dir dann auch einen Vorschlag für einen Termin geben. Wie ist dein Wochenende bisher verlaufen?

Liebe Grüße Michaela

Betreff: Museum

Hallo Michaela,

ach ja, beim Museum ist perfekt, gerade für die XY-Bar. Ein Zeichen …;-) Hast du in XY auch schon eine Tanzgelegenheit gefunden? Mein Wochenende war ganz gut. Wieso ist heute eigentlich schon wieder Montag??

Freu mich auf deinen Terminvorschlag.

Liebe winterliche Grüße Andre

Hallo Andre,

ja, sehr praktisch mit der XY-Bar. :-)

Insgesamt ist die Lage nicht schlecht. Ich kann fast überall zu Fuß hin, bin aber auch schnell aus der Stadt mit dem Auto, wenn ich zur Arbeit fahre.

Um das Tanzen habe ich mich erst einmal nicht weiter gekümmert. Die letzte Woche war ziemlich verplant. Aber einen potenziellen Tanzpartner habe ich ja schon gefunden ;-) Ich finde es übrigens super, dass du immer den Betreff änderst.

Die Wochenenden gehen leider immer viel zu schnell um.

Was hast du denn Schönes am letzten Wochenende gemacht?

Zum Glück muss ich erst am Mittwoch wieder zu meiner Arbeit. Aber es fällt mir sehr schwer, mich an meinen freien Tagen dann intensiv mit dem Studium zu beschäftigen.

Aber hey, so rückt unser Treffen immer näher ;) Würde es dir eigentlich auch unter der Woche passen oder eher am Wochenende?

Ich gebe dir mal meine Handynummer: 0176…

Falls du WhatsApp hast, ist es einfacher, dort weiter zu schreiben ;-)

Liebe winterliche Grüße (leider ohne Schnee) zurück

Michaela

Betreff: Schnee

Hi Michaela,

ja, zukünftig wohnst du in perfekter Lage. :-)

Du hast recht, ein bisschen Schnee wäre schon schön. Immerhin haben wir ja Winter! Im März braucht keiner mehr Schnee …

Unser Treffen rückt näher, das ist schön. Danke für deine Handy-Nr. Ich kann am Wochenende und auch unter der Woche abends – wenn ich's vorher weiß, kann ich es gut einplanen. An welchen Tagen passt es dir denn gut? Oder kannst du das noch nicht abschätzen?

Liebe Grüße und eine gute Nacht Andre

Hallo Andre,

tut mir leid, dass du so lange auf eine Antwort warten musstest. Ich bin jetzt endlich in B. angekommen und verbringe heute meine erste Nacht hier. Diese Woche hätte ich nur am Donnerstag ab 18 Uhr Zeit. Am Wochenende bin ich nicht da. Ansonsten habe ich durch die Woche bisher nur montags oder mittwochs keine Zeit. Hast du denn ein schönes Wochenende gehabt? Meins war recht anstrengend. Ich musste am Samstag noch arbeiten und dann im Anschluss der Umzug. Ausschlafen war da leider nicht drin. Ich hoffe, dass ich jetzt gut schlafen kann und morgen muss ich ja auch nicht früh raus. :-)

Liebe Grüße und eine gute Nacht Michaela

Betreff: Donnerstag

Hi Michaela,

Glückwunsch zum geschafften Umzug. Wie war denn die erste Nacht in der neuen Bleibe? Hast du was Schönes geträumt – das ist doch angeblich ein Omen. :-)

Donnerstag ab 18 Uhr passt bei mir. Sagen wir 19 Uhr? Vor der Bar? Erkennungszeichen: ein Kopfstand – oder etwas anderes? ;-) Liebe Grüße   Andre

Hallo Andre,

oh je, ob ich einen Kopfstand schaffe? Aber nur, wenn ich mich an eine Wand anlehnen darf. Ansonsten passt 19 Uhr :-)

Die erste Nacht war ganz in Ordnung. Allerdings weiß ich nicht mehr, was ich geträumt habe. Mir ist nur noch ein Ausschnitt bewusst und da habe ich nach einer Gardinenstange gesucht. :-D

Ich glaube, die Gardinenstange ist mir zu auffällig. Dann entscheide ich mich doch für den Kopfstand mit einer kleinen Variation. Statt dem Kopf nehme ich die Füße. Okay?

Ach, meine Haare sind etwas kürzer als auf den Fotos. Ich war beim Friseur und wie so oft haben sie zu viel abgeschnitten. Ich freue mich auf Donnerstag.

Bis dahin Michaela

Ich habe natürlich(!) vor gar nichts Angst. ;-)

Während Sie auf einer Singleplattform im Internet aktiv sind, kommt es nicht selten vor, dass Sie von anderen Wunschkandidatinnen oder Wunschkandidaten angeschrieben werden.

Das dritte Beispiel schildert eine solche Situation. Dem Profilbild der Dame war zu entnehmen, dass sie leidenschaftlich gern die Sportschau schaut und reiten geht.

*Mir wird angezeigt, du hättest mich als Favorit angeklickt?
:-) War das ein Versehen? ;-)
Wenn nicht, hast du Lust zu schreiben? :-) Gruß   Daniela*

*Hi Daniela,
hier kann man aber auch nichts heimlich machen … ;-)
Schön von dir zu hören. Was für einen Sport schaust du
denn? LG Andre*

*Ich freu mich gerade, dass du geantwortet hast, du wirkst
sehr sympathisch, muss ich zugeben.
Also, ich selber reite, aber ich bin auch Eintracht-Fan und
deswegen läuft bei mir jeden Samstag Sportschau :-)
Gruß*

Hi Daniela,

ui, eine Frau, die freiwillig die Sportschau sieht … das ist super. ;-) Und was machst du sonst gerne?
Bist du schon lange „hier"? LG Andre

Mein Hobby nimmt ja eigentlich schon sehr viel Zeit ein :-)
Aber natürlich probier´ ich so gut wie möglich, meine Freundschaften zu pflegen, man findet mich ziemlich oft im Club. :-)
Darf ich fragen, was du arbeitest und wo du hier in der Nähe wohnst? :-) Und deine Hobbys?
Lieben Gruß :-)

Hi Daniela,

also, ich spiele Tischtennis (Vorsicht vor meinem Schmetterball ;-), erkunde die Gegend gerne mit dem Rad, gehe gerne ins Kino …
Und ich bin angehender Betriebswirt. Apropos „Wirt": Hast du Lust, dass wir mal was trinken gehen? LG Andre

Samstagabend ist schlecht, da bin ich auf einem Geburtstag. Schlag mir einen anderen Termin vor, ich hab prinzipiell Zeit :-)
Apropos „Wirt", ich lerne ab September Industriekauffrau und will BWL danach studieren :-)

Hallo angehende Industriekauffrau :-),

wie wäre es mit Mittwoch? Oder Freitag? 19 Uhr?

LG Andre

Guten Morgen, Andre,

mittwochs ist bei mir prinzipiell schlecht, weil ich Springstunde habe, da bin ich immer erst gegen 22 Uhr daheim. Freitag klingt prima!

Hast du vielleicht Lust, Genaueres per WhatsApp zu klären? ;-) Ganz lieben Gruß und ich freu mich. Daniela

Hi Daniela,

schön, dann Freitag (also übermorgen). :-) 19 Uhr? Vor der Bar? Erkennungszeichen: drei Liegestützen – oder lieber etwas anderes? ;-) Liebe Grüße Andre

Ich kann keine Liegestützen, aber du kannst gerne welche machen ;-) Ansonsten denke ich, dass wir uns schon erkennen werden, aber meine braune Handtasche wird am Start sein ;-)

Hi, ja, das ist gut. Mal schauen, ob ich das mit den Liegestützen hinbekomme – ansonsten halte ich Ausschau nach deiner braunen Handtasche (und natürlich nach dir). ;-) Bis Freitag, 19 Uhr! Freu mich, LG Andre

Abschließend folgt noch ein beispielhafter Mailaustausch mit einer Dame. Ihr Nickname war Awesomeness. Auf dem Profilfoto trug sie einen geflochtenen Zopf. Der Zopf war der Aufhänger für die erste Kontaktaufnahme.

Während des Mailverlaufs stellte sich heraus, dass die Dame vor dem Treffen mit mir telefonieren wollte. Wie Sie sich in solch einem Fall verhalten und worauf Sie dabei achten sollten, verdeutliche ich Ihnen im Punkt „Der Telefonkontakt". Zuvor aber erst einmal der Mailverlauf:

Hi Awesomeness,
ein wirklich künstlerisch-schöner Zopf – selbst geflochten?
:-) LG

Hi,
ich danke dir. Ja, den habe ich mir selber gemacht :-)
Wie geht`s dir?

Hi,
ich staune, wie man so einen Zopf hinbekommt. Zum Glück tragen Männer so etwas nur selten … ;-)

Mir geht es ganz gut. Allerdings könnte das Wetter etwas besser sein. Und wie geht es dir?
Studierst du oder arbeitest du?

Ja, wobei, mich würde mal interessieren, wie so was bei Männern aussehen würde. :-D
Mir geht's ansonsten auch gut. Das Wetter macht mich ein wenig depressiv. Ich fang nächstes Jahr an zu studieren, muss leider noch 1 Semester warten. Was machst du?

Ouh, das würde dich interessieren? Kann mir die Haare ja mal lang wachsen lassen … ;-)
Was wirst du studieren? Ich bin angehender Betriebswirt.
Und schon Pläne fürs Wochenende? LG

Ja, das wäre super. Dann können wir verschiedene Frisuren bei dir ausprobieren :-) Ich werde Soziale Arbeit studieren. Also heute Abend nur schlafen und morgen habe ich einen Friseurtermin, gehe ins Kino und abends auf einen Geburtstag.
Und wie sieht´s bei dir aus? Was hast du vor?

Hi (verrätst du mir deinen Namen?),
gut, ich arbeite an längeren Haaren – wird aber etwas dauern … ;-) War dein Samstag so entspannt, wie er sich

angehört hat? Ich war am Wochenende etwas draußen und mit einem Freund was trinken.

Und wie findest du es „hier" auf dieser Singlebörse?

LG Andre

Ach ja, es geht so. Der Geburtstag war ziemlich anstrengend. Die Nächte durchzechen ist nichts mehr für mich. Ich bin einfach zu alt :-D

Das hört sich doch sehr schön an. Wo hat euch euer Weg hin verschlagen? Wo hältst du dich denn gerne und öfter auf? Ich weiß nicht so richtig, was ich von hier halten soll ;-). Im Moment bist du der einzig normale Mensch auf dieser Singlebörse, mit dem man sich richtig unterhalten kann ;-). Freu mich auf deine Antwort :-)

Sophia

Hi Sophia (schöner Name :-)),

Du bist zu ... alt?? Was soll ich denn da erst sagen ...;-)

Wir waren am Samstag im Café XY.

Ansonsten bin ich auch ganz gern in der XY-Bar. Und was sind deine Favoriten?

Lieben Gruß Andre

Dankeschön :-) Ja, viel zu alt :-D

Vor zwei Jahren war ich noch fit. Ich kenn das Café XY. Ist bei mir in der Nähe ;-) Aber wenn ich abends unterwegs bin, dann auch in der XY-Bar.

Ich fahre aber auch ganz gern in andere Städte ;-) Gruß

Hi Sophia,

ach, du bist doch noch ein junger Hupfer. :-) Dann haben wir mit dem Café XY doch schon mal eine weitere Gemeinsamkeit. Hast du mal Lust auf ein gemeinsames Getränk (also es bekommt schon jeder sein eigenes Glas.) dort? LG Andre

Hatten wir denn davor noch andere Gemeinsamkeiten? ;-)

Schade, ich dachte, wir trinken aus einem Glas.

Ja, sehr gerne.

Hi,

ja, klar hatten wir davor schon Gemeinsamkeiten! Wir finden Zöpfe toll und ich will mir die Haare wachsen lassen ... ;-) Die Gläser-Anzahl-Frage klären wir einfach im Café XY. Wie wär`s mit Freitagabend (überübermorgen) oder Sonntag? LG Andre

Oh stimmt, ich vergaß. Da hatten wir doch ein paar Anhaltspunkte ;-) Am besten ist es, du gibst mir mal deine

Nummer, denn so können wir leichter und auf einem besseren Wege kommunizieren. Oder was meinst du? ;-)
Gruß

Hi Sophia,
ist doch ganz einfach, hier etwas zu vereinbaren. :-) Der Ort steht schon fest: vor der Tür des Café XY. Freitag? 19 Uhr? Oder Sonntag? 19 Uhr?
Erkennungszeichen: ein Zopf … nein Quatsch ;-). Ein Glas in der Hand?
Lieben Gruß   Andre

Wieso möchtest du mir nicht deine Nummer geben?

Möchtest du mir deine Nummer geben? :-)

Ich versteh dich nicht. :-D

Hi Sophia,
weil heute Freitag ist, bekommst du meine Tel.-Nr.: 0171…
Ich freu mich auf deinen Anruf.
LG Andre

Telefonkontakt

Es wird nicht selten sein, dass Ihre neue Bekanntschaft vor dem ersten Treffen mit Ihnen telefonieren möchte. Das kann durchaus sinnvoll sein, um festzustellen, ob ernsthaftes Interesse besteht. Wichtig beim ersten Telefonkontakt ist vor allem, dass Sie sich für das Gespräch ausreichend Zeit nehmen und sich eine Umgebung aussuchen, in der Sie sich ungestört unterhalten können. Sie hören die Stimme Ihrer neuen Bekanntschaft, bekommen einen ersten Eindruck und können feststellen, ob sie sich sympathisch finden. Manche Menschen sind in der schriftlichen Kommunikation sehr gut, aber im persönlichen Kontakt eher langweilig.

Das erste Telefonat dient dem gegenseitigen Kennenlernen, wobei der Inhalt des Telefonats sicherlich nicht die ausschlaggebende Rolle spielt. Trotzdem sollten Sie sich, bevor sie miteinander telefonieren, gezielt vorbereiten, damit Sie weder zu unsicher noch zu überheblich wirken.

In meinem Fall kontaktierte mich die Dame zuerst per SMS und fragte kurz: „Wie geht´s dir?". Ich antwortete: „Danke, gut. Und dir?" Nach ein paar ausgetauschten SMS ergriff ich die Initiative und fragte die Dame per SMS: „Lust zu telefonieren? Samstagabend? 20 Uhr?" Sie antwortete: „Ja, das passt. Bis dann!"

Gleich nach der ersten SMS zum Telefonhörer zu greifen, wirkt aufdringlich. Höflich und respektvoll gehen Sie stattdessen vor, wenn Sie in einer SMS fragen, wann er oder sie Zeit hat zu telefonieren. Rufen Sie pünktlich um die vereinbarte Zeit an und vergewissern Sie sich zu Beginn des Gesprächs noch einmal, ob sie oder er gerade Zeit hat. Ist die Antwort Nein, dann fragen Sie, wann Sie es noch einmal probieren dürfen.

Stellt sich heraus, dass Sie erneut vertröstet werden, verschwenden Sie nicht weiter Ihre Kräfte. Wenn offensichtlich am anderen Ende der Leitung Ausreden erfunden werden, brechen Sie den Kontakt ab und rufen nicht mehr an.

Solche Erfahrungen sind keine persönlichen Misserfolge, sondern völlig normal. Auf keinen Fall sollten Sie sich davon abschrecken lassen, weiter nach einer Partnerin oder einem Partner Ausschau zu halten. Denken Sie immer daran, morgen ist ein neuer Tag mit neuen Möglichkeiten!

Um auf meinen Online-Flirt zurückzukommen: Die Dame hatte auf meinen Anruf gewartet. Ich knüpfte an die Themen unseres Mailaustauschs an und fragte die Dame als Erstes, was sie denn am Samstag unternommen und erlebt habe.

Beispiele für Fragen, die am Telefon ein Gespräch in Gang bringen oder am Laufen halten:

- Magst du dich etwas näher vorstellen?

- Was machst du beruflich – arbeitest du oder studierst du?
- Wann hättest du Zeit für ein Treffen?
- Hast du an eine bestimmte Lokalität gedacht?
- Wie werde ich dich erkennen?

Zur Verabschiedung können Sie Folgendes sagen:

Alles klar, …. *(Vorname Ihres Gesprächspartners unbedingt nennen!)*, bis dann! Schönen Abend noch und bis … *(den Tag Ihres Treffens noch einmal wiederholen)*, freu mich. Tschüss!

Fortschritt Verabredung

Das erste Treffen ist für jeden besonders spannungsgeladen, auch wenn man sich bereits als Routinier wähnt. Hilfreich ist, diverse Regeln zu beachten, um Kommunikationsfehler zu vermeiden und nicht gleich am Anfang in peinliche Fettnäpfchen zu treten.

Erstes Treffen

Es ist völlig normal, dass man beim ersten Treffen aufgeregt, nervös und angespannt ist. Das Ziel des ersten Treffens besteht darin, Ihre Partnerin oder Ihren Partner zunächst unverbindlich kennenzu- lernen. Grundsätzlich findet man aber bereits beim ersten Treffen heraus, ob man sich gegenseitig sympathisch ist oder nicht. Das erste Treffen ist vor allem dann als positiv zu bewerten, wenn zur Sympathie Gemeinsamkeiten hinzukommen. Als

Zeichen der Sympathie die Hand der Partnerin leicht und unauffällig zu berühren, um ihr Nähe zu signalisieren, wird nicht jeder beim ersten Treffen wagen wollen. Zieht aber Ihre Partnerin die Hand nicht zurück, wenn Sie sie berühren, können Sie von Interesse an Ihnen ausgehen!

Viele Fragen stellen sich am Anfang:

- Welchen Treffpunkt wähle ich?
- Wie ziehe ich mich am besten an?
- Über welche Gesprächsthemen rede ich?
- Wie werde ich auf mein Gegenüber wirken?

Damit Sie weder zu selbstgewiss noch zu unsicher auftreten, sollten Sie einige Tipps beachten. So vermeiden Sie unnötige Missverständnisse und hinterlassen einen kultivierten Eindruck.

Vorbereitung und Treffpunkt

Dem äußeren Erscheinungsbild kommt große Bedeutung zu. Es ist Teil unserer Körpersprache.

Den ersten Eindruck von Ihnen als Person vermitteln Sie durch Ihr Äußeres, noch bevor Sie den ersten Satz miteinander gesprochen haben. So sollten Sie sich auf jeden Fall vor Ihrer Verabredung die Zähne putzen, um Mundgeruch vorzubeugen. Nehmen Sie keine Speisen und Getränke zu sich, die geruchsauslösend sind. Dazu gehören Tabakwaren, aber auch Alkohol, Knoblauch und Zwiebeln.

Um angenehm zu duften, empfehle ich Ihnen Rasierwasser, Deo oder Parfüm. Tragen Sie keine abgelaufenen Schuhe, halten Sie sich für Ihre Treffen immer ein bestimmtes Paar Schuhe bereit. Ihre Fingernägel sollten nicht zu lang und vor allem sauber sein. Gute Kleidung gehört zu einer gepflegten Erscheinung. Tragen Sie ein einfarbiges Hemd ohne Druckaufschrift; lassen Sie zwei Knöpfe vom Hemd offen.

Wählen Sie für Ihren Treffpunkt in jedem Fall einen öffentlichen Ort. Wenn Sie sich mit einer Frau treffen, überlassen Sie der Dame die Wahl des Treffpunkts. Verabreden Sie sich weder in ihrer noch in Ihrer Privatwohnung. Vereinbaren Sie ein Treffen in einer Bar oder einem Café.

Pünktlichkeit und Dauer

Reservieren Sie einen Tisch. Am vereinbarten Treffpunkt warten Sie nicht länger als 10 bis 15 Minuten, es sei denn, Ihr Gegenüber entschuldigt sich bei Ihnen telefonisch oder per SMS, warum er oder sie nicht rechtzeitig kommen kann.

Ihr erstes und zweites Treffen sollte nicht länger als ein bis zwei Stunden dauern und nicht in Ihrer Wohnung stattfinden, da ein öffentlicher Ort neutraler ist.

Begrüßung

Bei der Begrüßung stellen Sie sich Ihrer Bekanntschaft mit Vornamen vor. Ihren Nachnamen brauchen Sie noch nicht beim ersten Treffen nennen; das können Sie, sofern Interesse besteht, bei einem weiteren Treffen nachholen.

Wenn Sie möchten, können Sie Ihre Partnerin oder Ihren Partner bei der Begrüßung umarmen, um erste Nähe aufzubauen. Wenn die Frau dem Mann nur die Hand hinstreckt, dann sollte der Mann die Frau nicht umarmen. Dann gehen Sie in die Bar oder das Café. Als Mann empfiehlt es sich, das Lokal als Erster zu betreten und der Frau die Eingangstür aufzuhalten. Als nächstes wenden Sie sich an die Bedienung, damit diese Sie zu dem reservierten Tisch begleiten kann.

Als Mann fragen Sie die Dame, wo sie gerne sitzen möchte und ob Sie ihr aus ihrer Jacke oder je nachdem, was die Dame gerade trägt, helfen können. Setzen Sie sich der Dame nicht direkt gegenüber. Das wirkt zu distanziert und ist eher typisch für ein Vorstellungsgespräch. Sitzen Sie immer links oder rechts neben der Dame oder dem

Herrn. Sie signalisieren auf diese Weise Nähe. Nun ergibt sich die Möglichkeit zu unverfänglichen Berührungen. Achten Sie vor allem darauf, dass Ihr Oberkörper Ihrer neuen Bekanntschaft zugewandt ist, Sie Blickkontakt halten und Ihr Blick freundlich und offen ist. Lächeln Sie!

Gesprächseinstieg

Für den gelungenen Gesprächseinstieg beim ersten Treffen eignet sich zum Beispiel der Lieblingsdrink. Sie mögen Mixgetränke und haben selbst schon die unterschiedlichsten Cocktailmischungen ausprobiert. Eine lähmende Gesprächspause tritt anfangs nicht ein, wenn Sie Ihrem Gegenüber je nach bevorzugter Geschmacksrichtung eine besonders leckere süße, fruchtige oder herbe Cocktailkreation empfehlen können. Genauso ergiebig und dabei unverfänglich sind die Themen Essen und Urlaub.

Konversation

Für den Gesprächsverlauf gilt: „Wer fragt, der führt!"
Unterhalten Sie sich über Themen, in denen Sie
sich gut auskennen. Springen Sie nicht von einer
Sache zur anderen, sondern bleiben Sie bei
maximal vier Themen, die Ihnen liegen. Nicht mehr!
Betonen Sie die Gemeinsamkeiten, die sich im
Gespräch mit Ihrem Gegenüber ergeben. Wenn
sich herausstellt, dass Sie beispielsweise beide
Familienmenschen sind oder gleiche Interessen und
Hobbys haben, so zeigen Sie Ihre Freude darüber.
Machen Sie aber nicht den Fehler, Fragen zu
stellen, die an eine Checkliste erinnern. Ein solches
Abfragen kann auf Ihre Partnerin oder Ihren Partner
abschreckend wirken und ein näheres Kennen-
lernen von vornherein zunichtemachen.

Wenn Sie feststellen, dass Sie gemeinsame
Vorlieben haben, so verbindet das ungemein. Die
Entdeckung, dass ein Urlaubsort Sie beide entzückt
hat, wird Sie gleichermaßen freuen, wenn Sie auch

in ganz verschiedenen Jahren dort waren. Oder die gemeinsame Lieblingsspeise: Nicht umsonst heißt es, Liebe geht durch den Magen.

Je nachdem, ob Sie lieber ins Kino, ins Theater oder Konzert gehen, werden Sie sich über den letzten Kinofilm, die Theateraufführung oder die hinreißende Gesangssolistin mit Ihrer neuen Bekanntschaft austauschen können. Als aufmerksamer Beobachter und Zuhörer werden Sie schnell merken, wenn sich Ihr Gegenüber mehr für Freizeitparks und Fitnessstudios oder Haustiere als für Musik interessiert. „Was möchtest du unbedingt in deinem Leben noch erleben?", ist eine Frage, die eventuell zu direkt unerfüllte Wünsche berührt und deshalb in den Tabubereich gehört. Mit der Frage „Was machst du gerne unter der Woche?" dagegen erfahren Sie nebenbei, ob Ihre Bekanntschaft eher ein häuslicher Typ ist oder jedes Wochenende Party haben muss.

Gerne können Sie auch andere Themen zur Sprache bringen, doch achten Sie darauf, dass Sie sich nur über interessante und lustige Themen unterhalten.

Gesprächsabschluss

Nennen Sie im Laufe des Gesprächs, aber unbedingt zum Abschluss des Gesprächs den Vornamen Ihres Gegenübers. So bauen Sie aktiv Nähe auf. Lassen Sie Ihren Abend in der Bar oder in dem Café verbindlich ausklingen, indem Sie zu Ihrer Bekanntschaft sagen: „Der Abend mit dir war sehr schön, *(Vorname)*. Wollen wir so langsam die Rechnung bezahlen? Ich bin nämlich heute Abend noch auf einen Geburtstag eingeladen. Wir können unser Gespräch gerne bei einer weiteren Verabredung fortführen."

An dieser Stelle ist noch zu erwähnen, dass Sie als Mann die Rechnung für die Frau übernehmen und der Bedienung ein Trinkgeld geben. Verlassen Sie dann die Bar oder das Café, umarmen Sie Ihre Bekanntschaft vor der Eingangstür und sagen: „Der Abend war echt schön mit dir. Komm gut nach Hause.“

Tabuthemen

Neben den bereits aufgeführten Hinweisen sollten Sie außerdem darauf achten, dass Sie bestimmte Themen auf gar keinen Fall beim ersten Treffen mit Ihrer neuen Bekanntschaft ansprechen. Reden Sie nicht über Politik, Wahlen, Krankheiten, Sex, Religion, technische Dinge, einschließlich Computerspiele. Geschwister sind ebenfalls ein unerquickliches Thema; zu oft sind sie zerstritten. Gescheiterte Beziehungen, Unterhaltsstreitigkeiten nach Scheidungen, familiäre und berufliche Probleme, unerfüllte Kinderwünsche, Ex-Partner und Geld sind beim ersten Treffen konsequent tabu.

Auch wenn es zu den Tabuthemen gehört, wird es vorkommen, dass Ihre Bekanntschaft völlig unverhofft auf den Ex-Partner zu sprechen kommt. Kommen Sie in eine solche Situation, gehen Sie am besten gar nicht näher darauf ein und stellen auch keine Fragen. Alle anderen Reaktionen zerstören die lockere Gesprächsatmosphäre und führen nicht weiter. Betont sei an dieser Stelle, dass das Thema „Ex" ein Zeichen dafür sein kann, dass er oder sie noch nicht von ihm losgekommen ist. Möglicherweise hat Ihre Bekanntschaft die gescheiterte Beziehung noch nicht verarbeitet und das Treffen mit Ihnen dient lediglich dem Zweck, sich über den Ex hinwegzutrösten. In dem Fall wird er oder sie kaum für eine neue Bindung offen sein, weil noch Bindungsängste bestehen.

Problemsituationen

Verständigung gelingt in den wenigsten Fällen auf Anhieb. Über manche scheinbar harmlosen Themen will man nicht reden, weil sie einen Nerv treffen, andere hält man für nicht der Rede wert. Unbedacht dahingesagte Äußerungen führen zu Missverständnissen. Solche Situationen und der Fall, dass Ihr „Date" so gar nicht Ihren Vorstellungen entspricht, lassen sich in der Regel durch Ausweichen und Coolness sportlich meistern.

Arbeit: Über Ihren Beruf und Ihre Arbeit sollten Sie beim ersten Treffen nicht allzu viele Worte verlieren. Fragt Ihre Bekanntschaft danach, erwähnen Sie nur kurz und allgemein, in welchem Bereich Sie beschäftigt sind. Es reicht, wenn Sie beispielsweise erklären: „Ich bin im Personalwesen tätig." Schließlich möchten Sie vorrangig Ihre Partnerin oder Ihren Partner kennenlernen. Sollten Sie zu dieser Zeit arbeitslos sein, antworten Sie auf die Frage: „Was machst du beruflich?" ganz einfach, was Sie vorher gemacht haben. Zum Beispiel können Sie sagen: „Ich bin Bürokaufmann." Und dann gehen Sie über zu einer anderen Frage. Sie können später noch reinen Wein einschenken, wenn sich herausstellt, dass gegenseitiges Vertrauen besteht, die Beziehung sich gefestigt hat und sie beschlossen haben zusammenzubleiben.

Fragen an Sie: Sechs Dinge gibt es, die Ihr Gegenüber von Ihnen wissen will, über die Sie sich aber eventuell nicht gleich während des ersten Treffens ausbreiten möchten. Wenn Sie mit Ihrer neuen Bekanntschaft per SMS oder E-Mail ein Treffen vereinbaren, werden Sie mit Sicherheit entweder bereits vor oder während der Begegnung mit der ein oder anderen der nachfolgend aufgeführten Fragen konfrontiert werden. Sie sollten darauf vorbereitet sein, sich aber auch gestatten, ausweichend zu antworten, falls Ihnen die Fragen zu nahe gehen.

Wie lange bist du Single? — Ich bleibe so lange Single, bis ein Treffen mit dir zustande gekommen ist.

Warum bist du Single? — Ich habe mir momentan aus beruflichen Gründen noch keinen Kopf darüber gemacht, aber ich hatte schon Beziehungen.

Und haben sich eigentlich viele auf deine Anzeige gemeldet? — Ja, es haben sich etliche gemeldet. Und was machst du sonst noch gerne?

Wohnst du noch bei den Eltern? — Du, im Moment wohne ich noch zu Hause. Ich bin auf der Suche nach einer Wohnung. Wo wohnst du eigentlich? Ist es schön da?

Warum hast du eine Zeitungsanzeige aufgegeben? — Bei dieser Frage lächeln Sie und sagen „Du weißt ja, Zeitungsanzeigen sind alte Schule. Meine Freundin/mein Freund meinte, das funktioniert nicht. Ich sagte, das funktioniert und jetzt sitzen wir beide hier."

Wie viele Frauen/Männer hast du schon gehabt? — Ja, ich hatte schon Frauen/Männer.

Streuen Sie gleich im Anschluss an eine dieser Fragen eine weitere ein, um ein anderes Thema anzusprechen. Eine Gegenfrage stellen Sie, um von der eigentlichen Frage Ihres Gegenübers abzulenken und ein anderes Thema anzuschneiden.

Missverständnisse: Wie in einem Arbeitszeugnis haben manche Aussagen einen versteckten Gehalt. Das sollten Sie erkennen und damit umgehen können. Im Folgenden einige Beispiele, wie Sie verschlüsselte Sätze deuten.

Ihre Partnerin oder Ihr Partner fasst ein weiteres Treffen ins Auge, indem er oder sie zu Ihnen sagt: „Wir können ja mal etwas gemeinsam unternehmen." Diese Aussage hört sich durchaus positiv an, kann aber genauso gut unverbindlich dahergeplappert sein.

Es ist nicht einfach, das Gesagte richtig zu deuten. Machen Sie in diesem Fall Ihrerseits einen konkreten Vorschlag, was Sie zusammen unternehmen könnten. Nur so können Sie herauszufinden, ob das Angebot ernst gemeint ist. Wenn Sie an diesem Abend bereits herausgefunden haben, dass Ihr Gegenüber genau wie Sie gerne Bowlen geht, dann können Sie direkt fragen: „Wollen wir uns nächste Woche zum Bowlen wiedersehen?" Warten Sie ganz einfach die Reaktion Ihres Gegenübers ab. Wenn er oder sie reserviert reagiert, dann besteht mit großer Wahrscheinlichkeit kein echtes Interesse an einer gemeinsamen Unternehmung. Sicherlich wird es Ihnen beim ersten Treffen nicht entgangen sein, wenn Ihr Gegenüber gelangweilt ist. Sie erkennen dies daran, wenn das Gespräch oberflächlich verläuft, niemand bereit ist, sich zu öffnen, um zu einem tiefgreifenderen Gespräch vorzudringen, oder aber wenn Blickkontakt vermieden wird. Weitere Anzeichen für Interesselosigkeit werden deutlich, wenn Ihr „Date" auffallend häufig auf die Uhr schaut, es unerwartet sehr eilig hat, mit anderweitigen

Dingen spielt und Ihnen nicht aufmerksam zuhört.

Ähnlich schwer einzuschätzen ist die Äußerung: „Ich finde dich nett." Diese Aussage kann ziemlich alles bedeuten. Die richtigen Schlussfolgerungen ziehen Sie daraus, wenn Sie die Begegnung Revue passieren lassen. Die aufrichtige Beantwortung der folgenden Fragen wird Ihnen Sicherheit geben:

- Wie verlief Ihr erstes Treffen insgesamt?
- Wie war der Gesichtsausdruck Ihres Gegen- übers, als sie oder er zu Ihnen gesagt hat, dass Sie nett sind?
- Hat sich zwischen Ihnen Sympathie entwickelt?
- Hatten Sie ein gutes Gefühl?

Immer auf Glatteis führt die Frage nach dem Alter. „Wie alt schätzt du mich ein?" Sie sollten sich im Vorfeld gut überlegen, was Sie darauf antworten. Auf jeden Fall sollten Sie Ihr Gegenüber jünger einschätzen, als es den Anschein hat. Die Einschätzung muss gleichzeitig realistisch klingen, sonst fühlt sich sie oder er nicht ernst genommen.

Achten Sie ganz bewusst auf den Gesichtsausdruck Ihres Gegenübers, wenn diese Frage aufkommt. In den meisten Fällen hat sie oder er ein Lächeln auf den Lippen. Lachen Sie dann einfach mit und streuen Sie im nächsten Schritt eine andere Frage ein.

„Nicht mein Typ": Merken Sie bei Ihrem ersten Treffen, dass Ihnen Ihr Gegenüber nicht gefällt, haben Sie zwei Möglichkeiten, sich zu verhalten. Die erste ist, dass Sie die Begegnung nutzen, um im Kommunizieren Sicherheit zu bekommen, denn erfahrungsgemäß dauert es längere Zeit, bis man mit seiner Traumpartnerin oder seinem Traumpartner an einem Tisch sitzt. Da kann man das Treffen als eine Art Übung ansehen und vielleicht wird es sogar besser als gedacht. Die Alternative ist die unhöflichere Art und Weise, sich aus der Affäre zu ziehen. Sie sehen Ihr Gegenüber am vereinbarten Treffpunkt stehen und sind weit genug entfernt, um sich umzudrehen und ungesehen nach Hause zu gehen. Was im konkreten Fall das Richtige ist, lässt sich pauschal nicht so leicht beantworten. In dieser Situation sollten Sie spontan nach Ihrem Gefühl handeln.

Kontaktpflege nach erstem Treffen

Jetzt stehen Sie nicht mehr am Anfang der Partnersuche, sondern fast mittendrin. Das erste Treffen hat stattgefunden. Sie fanden Ihre neue Bekanntschaft sympathisch und möchten mit ihr oder ihm gerne weiter in Kontakt bleiben. Vielleicht stellen Sie sich die Frage, wie Sie weiter vorgehen sollen. Hierfür gibt es zwar kein Patentrezept, aber ein paar allgemeine Regeln, die es zu beachten gilt.

• Senden Sie Ihrer Bekanntschaft am Tag nach dem ersten Treffen – am besten am Mittag – eine SMS. Formulieren Sie locker und schreiben möglichst etwas Lustiges.

- Erinnern Sie sich und beantworten sich die Frage, was Sie an diesem Abend mit Ihrem Gegenüber in irgendeiner Situation verbunden hat. Knüpfen Sie in Ihrer SMS daran an.

- Zeigt Ihre Partnerin oder Ihr Partner Interesse und meldet sich bei Ihnen, lesen Sie sich die Antwort genau durch. Ihre nächste Antwort sollte nicht länger als die von Ihrem Gegenüber sein. Achten Sie auf ein ausgeglichenes Verhältnis!

- Versuchen Sie auch im weiteren SMS-Verlauf interesseweckend, schmeichelnd, humorvoll und auffallend zu formulieren.

- Lassen Sie in jedem Falle Abkürzungen wie „LG" für „Liebe Grüße" oder „VG" für „Viele Grüße" am Ende weg und ersetzen Sie sie durch eine Gemütsbewegung wie z. B. „Fröhlichst: (Vorname)" oder „Vorfreudig: (Vorname)" oder einfach nur Vorname, je nachdem wie gerade Ihre Gefühlswelt aussieht.

Schwieriger an das erste Treffen anzuknüpfen ist, wenn sich während des Treffens keine expliziten Gemeinsamkeiten mit Ihrer Bekanntschaft ergeben haben. Haben Sie aber trotzdem großes Interesse, mit ihr oder ihm im Gespräch zu bleiben, dann überlegen Sie sich, was an dem eigentlichen Abend Lustiges passiert ist. Das können Auffälligkeiten am Nachbartisch sein oder eine Besonderheit der Bedienung.

Es ist natürlich auch denkbar, dass Sie Ihre neue Bekanntschaft sympathisch gefunden haben, aber diese nicht an Ihnen interessiert ist. Wenn sie oder er nicht auf Ihre SMS antwortet oder Ihnen sogar eine Abfuhr erteilt, dann sollten Sie weder Rückfragen stellen, noch weiter darüber nachdenken, ob Sie etwas falsch gemacht haben. Die Absage hängt nicht mit Ihrer Person zusammen. Ihre Bekanntschaft hat es sich eben anders vorgestellt. Unabhängig von der Beurteilung durch Ihr Gegenüber können Sie aber noch einmal in sich gehen, ein leeres Blatt und einen Stift zur Hand nehmen und sich folgende Fragen beantworten:

- Was lief aus meiner Sicht gut beim ersten Treffen?
- Was lief aus meiner Sicht schlecht?
- Was kann ich bei künftigen Treffen ändern und besser machen?

Beispiel für SMS-Austausch

Damit Sie nicht immer nur theoretisches Wissen vermittelt bekommen, soll der SMS-Verlauf zwischen einem Mann und einer Frau geschildert werden, die sich über eine Zeitungsanzeige kennengelernt haben.

Hier der SMS-Austausch vor dem ersten Treffen:

Hi,

habe deine Anzeige gelesen. Welche Unternehmungen stehen für morgen zur Auswahl? ;-) Sie, 29, sportlich und unternehmungslustig.

Hi sportliche Dame,

wenn die Sonne sich den Tag über zeigt, dann ganz KLAR körperliche FITNESS. Und wie sieht´s bei dir aus?
Andre

Ein weit gedehnter Begriff. Aber generell bin ich dabei! Was hast du im Angebot? Anja

Hi Anja,

erkunde die Gegend gerne mit dem Rad. Bin schlank, dunkelbraune Haare und braune Augen. Magst du dich etwas näher vorstellen? Woher kommst du? Andre

Fahrrad ist super! Dann kann der Hund mit! -:) Können wir gerne mal angehen. Heute hab ich mich jetzt bereits anderweitig verabredet. Das wird mir sonst zu spät. Vielleicht am Wochenende? Wohne zwischen X und Y. Bin meist spontan und unternehmungslustig. Ganz wichtig: abschalten und Spaß haben. Anja

Hi Anja,

ja, Spaß haben und abschalten ist ganz wichtig. Mal Lust auf einen Drink? Freitagabend um 19 Uhr im Café XY?

Erkennungszeichen: einen Hund an der Leine oder ein Buch unterm Arm? Andre

Hi Andre,
okay, Freitagabend-Treffen geht klar. Ich denke auch, dass man sich erkennen wird, wobei ich das mit dem Hund nicht schlecht finde. Da erkenne ich dich auf jeden Fall. Und falls noch jemand die Idee hat, einen Hund mitzubringen, was durchaus möglich ist und was es mir dann unnötig schwer macht, solltest du noch zusätzlich ein Buch unter dem Arm haben! Denke, das wäre optimal :-)
Anja

Nach dem ersten Treffen vermeiden Sie unbedingt diese nichtssagende Art von SMS:

Hallo Anja,
schön, dass es mit unserem Treffen geklappt hat. Hast du Lust, dass wir mal etwas gemeinsam unternehmen?
LG Andre

Die SMS ist zu allgemein gehalten und wird das Interesse Ihres Gegenübers nur wenig bis gar nicht aufrechterhalten.

Blättern Sie zurück zu den Erläuterungen im Kapitel „Kontaktpflege nach dem ersten Treffen": Ihre erste SMS und die weiteren müssen das Interesse Ihrer Partnerin wachhalten und humorvoll formuliert sein. Knüpfen Sie an Gemeinsamkeiten an, die sich bei Ihrem Treffen gezeigt haben und über die Sie gesprochen haben. Entsprechend lauten in der Folge Ihre SMS.

Hi sportliche Bikequeen,
war ein schöner Abend mit dir. Mal Lust auf eine Radtour?
Der Hobbyradler Andre

Ja, können wir gern nächste Woche machen. Ab Di. wird's ja auch wieder wärmer ☺ Anja

Hi Bikequeen,
das würde mich freuen. Hast du an einen bestimmten Tag gedacht? Ein Gruß vom Tourenandre

Morgen Nachmittag/Abend würde es bei mir gehen. Anja

Ja, das passt. Treffen um 17:30 Uhr? Bahnhof? Andre

Geht klar – bis morgen. Anja

O.k., Anja, bis heute Abend, freu mich, warte beim Bahnhof auf dich. Der Pedaltreter Andre

Der SMS-Austausch verlief im Weiteren genauso knapp und zielgerichtet:

Hi Anja,
der Abend hat mir viel Spaß gemacht. Bist du heute auch Rad gefahren? Ein Gruß vom Radfreak Andre

Hi Andre,
gestern bin ich leider kein Rad gefahren außer bei uns im Ort. Hättest du Lust, heute gegen 16:00 Uhr eine Radtour mit mir zu machen?

Gern noch mal die Runde – war cool ☺ LG Anja

Hi Anja,
heute und morgen kann ich leider nicht. Sonntag passt mir wieder. Gleiche Uhrzeit? Vorfreudig Andre

Hi Andre,
Sonntag geht´s bei mir leider nicht. LG Anja

Schade, ich kann erst ab Dienstag wieder, kannst mir ja mitteilen, wann du da Zeit hast und dann können wir ja gerne noch mal eine Radtour machen.
Der Trekkingradler Andre

Hi Andre, ja, das passt. Anja

O.k., Anja, bis Dienstag dann! Fröhlichst Andre

Die Beispiele zeigen auf, worauf es ankommt, wenn Sie Ihr Gegenüber sympathisch finden und es gerne wiedersehen möchten: Versuchen Sie, Ihre SMS nicht so in die Länge zu ziehen, sondern möglichst schnell und unkompliziert ein weiteres Treffen zu vereinbaren. Alles andere ist nur ein Aufschieben und Hinhalten. Sie sollten möglichst schnell herausfinden, ob Ihr Gegenüber dauerhaftes Interesse an Ihnen hat.

Ein zweites Beispiel für den Austausch von SMS, der ebenfalls vor dem ersten Treffen mit einer Frau stattfand:

Hey,
sonst überfliege ich die Zeitung nur flüchtig, doch dein Spruch ist mir direkt ins Auge gesprungen und ich musste echt schmunzeln. Wie bist du darauf gekommen, über eine Anzeige jemanden kennenzulernen?

Hi (verrätst du mir deinen Namen? ☺),
sollte mich vielleicht erst mal kurz vorstellen: Mein Name ist Andre, bin sportlich, schlank, habe dunkelbraune Haare und braune Augen. Ach weißt du, Zeitungsanzeigen sind alte Schule. Mein Freund behauptete, das funktioniert nicht. Ich behauptete, das funktioniert. Und jetzt schreiben wir beide einander. Und wie siehst du aus? Andre

Hey Andre,
ich heiße Annabell. Ich bin 1,75 m groß und habe dunkelblonde Haare und braungrüne Augen. Wohnst du in der Stadt oder in der näheren Umgebung?

Hi Annabell (schöner Name ☺),

ich komme aus dem Raum XY. Mein Wochenstart verlief gut – soweit keine Auffälligkeiten ☺. Und deiner? Einen schönen Abend   Andre

Bei mir war auch alles wie immer. Morgen ist zum Glück schon Donnerstag! Gute Nacht ;-)

Guten Morgen, Annabell,

hoffe, du hast gut geschlafen. Ja, heute ist zum Glück schon Donnerstag. Die Zeit vergeht im Nu. Und, da bist du bestimmt schon allmählich im Wochenendfeeling, oder? Wo bist du denn unterwegs, wenn du mal abends weggehst? Kennst du die XY-Bar in XY? Andre

Hey, hey. Ja, diese Woche war lange genug … Wenn ich am Wochenende unterwegs bin, dann entweder feiern im Club oder Cocktails trinken. In der XY-Bar war ich noch nicht, meine aber zu wissen, wo sie ist. Dieses Wochenende ist leider schon mit zwei Geburtstagen gefüllt. Du bist oft in der Altstadt unterwegs?

Hallo Annabell,

Cocktails trinken hört sich cool an   ☺. Also … in der Altstadt bin ich gelegentlich. Geburtstag klingt interessant, da bist du bestimmt schon in Feierlaune. Ich bin am WE mit einem Freund verabredet. Ansonsten bin ich auch ganz gern in der XY-Bar oder im Café XY. Wie wär's mit einem Treffen? Persönlich unterhält es sich irgendwie noch besser. ☺ Hast du auch unter der Woche Zeit ab 20 Uhr? Montagabend? An welche Lokalität hast du gedacht? Andre

Hey du, stimmt, ist seltsam mit jemandem zu schreiben, den man noch nicht kennt. Anfang der Woche ist schwierig aufgrund meiner Arbeit. Wie wäre es mit Donnerstagabend? Café XY hört sich gut an. Hoffe, es passt dir. Gute Nacht

Hi Annabell,
Donnerstagabend um 19:30 Uhr vor der Eingangstür des Cafés XY? Vorgestellt haben wir uns beide ja schon, von daher dürfte das Erkennen kein Problem sein. So viele Personen werden da bestimmt auch nicht vor der Eingangstür warten :-). Was meinst du? Andre

Hey, hey, vor der Tür bei den Schaukeln zu warten, wird genügen. Schön, dass es dir am Donnerstag passt. Annabell

Hallo Annabell,

dann halte ich nach einer Frau Ausschau, die auf der Schaukel wartet ☺. Also dann, bis Donnerstag um 19:30 Uhr, freu mich! Andre

Ich freue mich auch ☺. Bis dann!

SMS-Wechsel nach dem ersten Treffen:

Hi Cocktailqueen,

war ein schöner Abend mit dir. Mal Lust auf eine weitere Runde Cocktails mit einem anschließenden Diskobesuch? Der Cocktailfan Andre

Hallo Andre,

das ist eine gute Idee, allerdings ist es diese Woche schlecht bei mir. Annabell

Hi Cocktailqueen,

wie sieht es bei dir am kommenden Wochenende aus? Samstagabend um 21 Uhr? Gleiche Uhrzeit? Gleicher Treffpunkt? Ein Gruß vom Cocktailliebhaber Andre

Hi Andre,

ja, das können wir machen. Bis Samstagabend. Annabell

Nach dem zweiten Treffen:

Hi Annabell,

der Abend war schön mit dir. Wenn du Zeit und Lust hast, können wir das gerne noch einmal am Wochenende wiederholen. Was meinst du? Vorfreudig Andre

Hi Andre,

ich möchte ehrlich sein und dir sagen, dass ich mir nicht mehr als eine Freundschaft mit dir vorstellen kann. Möchte auch für das Wochenende unser Treffen absagen. Wünsche dir alles Gute auf der Suche nach Mrs. Right. Viele Grüße und nicht böse sein – du bist echt in Ordnung. Annabell

Obwohl Sie Ihrer Meinung nach alles richtig gemacht haben und glaubten, die Sympathie sei gegenseitig, erteilt Ihnen die neue Bekanntschaft ziemlich bald eine Abfuhr. Solche Erfahrungen gehören zum Leben dazu. Sollte Ihnen die oben beschriebene Situation bei Ihrer Partnersuche begegnen, fragen Sie Ihr Gegenüber nicht mehr, warum sie oder er sich nur eine Freundschaft mit Ihnen vorstellen kann. In der Regel ist das eine typische Eigenschaft Ihres Gegenübers, um sich zu verabschieden und elegant aus der Affäre zu ziehen. Das muss gar nichts mit Ihrer Person zu tun haben. Haken Sie es einfach ab und bleiben Sie weiterhin offen für neue Begegnungen.

Annäherung

Kommunikation ist die vielschichtige Art und Weise, wie wir uns anderen nähern, wie wir mit anderen in Verbindung treten. Man unterscheidet hier einmal den Weg über die Sprache in der verbalen Kommunikation und den Weg der nichtsprachlichen Kommunikation in der nonverbalen Kommunikation. Zur nonverbalen Kommunikation gehören zum Beispiel Körperhaltung, Körperkontakt, Blickkontakt, Mimik und Gestik. Unsere Kommunikation besteht zu über 90 Prozent aus nonverbaler

Kommunikation. Daher ist es nicht so entscheidend, was man sagt, sondern wie man es mit seiner Körpersprache ausdrückt. Darum empfehle ich Ihnen, dass Sie während des Treffens ganz bewusst auf Ihre Körpersprache achten. Sind Sie offen und entspannt? Empfinden Sie Freude beim Gespräch? Fühlen Sie sich wohl? All das sind Dinge, die Sie unbewusst mit Ihrer Körpersprache ausdrücken, und zwar mit Ihrer Stimme, Ihrem Tonfall, Ihrer Körperhaltung und Ihrem Gesichtsausdruck. Das nimmt Ihr Gegenüber wahr und merkt, ob Sie authentisch sind oder nicht.

Folgetreffen und der erste Kuss

Haben Sie es bis zum zweiten Treffen geschafft, können Sie sich einerseits schon einmal glücklich schätzen. Andererseits kann das zweite Treffen auch das Ende bedeuten, wie der Mailaustausch weiter oben belegt. Es gilt einiges zu beachten und zu beherzigen. Beim zweiten Treffen geht es darum, die Beziehung aufzubauen. Trotzdem sollten Sie nicht mehr als ein bis zwei Stunden einplanen. Beim ersten Treffen haben Sie sich unverbindlich kennengelernt, gegenseitige Sympathie festgestellt und sich deshalb wieder verabredet, um sich über interessante Themen zu unterhalten. Ihre Bekanntschaft muss jetzt nicht gleich Ihre komplette Lebensgeschichte erfahren, sonst verliert sie oder er schnell das Interesse an Ihnen und das wäre doch schade. Die Unterhaltung muss lustig und locker geführt werden. Wählen Sie möglichst positive Gesprächsthemen und greifen Sie im Gespräch immer die Themen auf, die Ihr Gegenüber Ihnen anbietet.

Ein Beispiel: Wenn Ihnen Ihr Gegenüber in einem Nebensatz erzählt, dass er oder sie gerne Ski im Harz fährt, dann sind die Stichwörter Ski fahren, Sport treiben, Harz und Urlaubsreisen Ansatzpunkte für Sie, genauer nachzufragen. Finden Sie heraus, was Ihre Bekanntschaft am Skifahren begeistert. Mit der Frage nach dem Grund für die Begeisterung lösen Sie positive Gefühle aus. Das ist gut. Warum ist das gut? Weil Ihr Gegenüber sich freut, wenn sie oder er über ein Thema sprechen darf, das ihr oder ihm wichtig ist. Die Freude steht ihr oder ihm dann gewissermaßen ins Gesicht geschrieben. Ihr Gegenüber wird sich gerne an das Treffen zurückerinnern und Sie sind mit den positiven Gedanken in seinem Gedächtnis verknüpft. Ihre Partnerin oder Ihr Partner merkt sich dann: „Bei dem Treffen mit der Gabriele oder dem Andre habe ich viel Spaß gehabt, da konnte ich viel lachen, das war schön." Wenn Ihr Gegenüber das Gefühl vermittelt bekommen hat, dass Sie sich für die Dinge interessiert haben, die Ihnen erzählt wurden, Sie sich offen gezeigt und Ihr Gegenüber ein bisschen bewundert haben, dann fühlt sie oder er sich wohl in Ihrer Gegenwart.

Möchte Ihr Gegenüber das zweite Treffen länger als ein bis zwei Stunden ausdehnen, sagen Sie ganz einfach: „Ich finde es sehr schön mit dir, aber ich habe noch einen Termin und muss deshalb schon gleich los. Wie sieht es bei dir nächste Woche aus? Da können wir unser Gespräch gerne fortsetzen …" Somit machen Sie sich interessanter bei Ihrer Bekanntschaft und diese interessiert sich dann auch eher, Sie weiter kennenzulernen. Allerdings funktioniert das nur, wenn die Körpersprache Ihres Gegenübers dies in irgendeiner Art und Weise – zum Beispiel in Form eines Lächelns – signalisiert hat.

Versuchen Sie bei den ersten beiden Treffen nicht gleich alle Informationen über sich preiszugeben, sondern weiterhin neugierig auf sich zu machen.

Stellt sich heraus, dass das zweite Treffen von beiden Seiten als angenehm empfunden wurde und weiter ausbaufähig ist, kommt irgendwann vielleicht der Gedanke auf, wann man sich küssen soll. Diese

Frage kann man nicht von jetzt auf gleich beantworten. Fragen Sie Ihr Gegenüber niemals, ob Sie es küssen dürfen. Stattdessen tun Sie es einfach! Wann der geeignete Zeitpunkt dafür ist, kann man nicht pauschal beantworten. Das hängt unter anderem davon ab, ob Sie sich beim ersten und zweiten Treffen schon einmal berührt haben, zum Beispiel am Körper, den Armen oder den Händen. Nähe aufbauen ist sehr wichtig. Zeigen Sie Ihrem Gegenüber, dass Sie an ihm interessiert sind, indem Sie Augenblicke schaffen, in denen sie oder er Ihnen Sympathie zeigen kann. Haben Sie Ihr Gegenüber mehrmals umarmt, können Sie sie oder ihn auch küssen, um das Gefühl der Nähe zu festigen.

Wenn Sie sich als Mann nicht sicher sind, ob Sie die Frau bei der Verabschiedung direkt auf den Mund küssen sollen, küssen Sie sie beim zweiten Treffen einfach auf die Wange und warten die Reaktion ab. Damit zeigen Sie der Frau, dass Sie Interesse haben. Weicht die Frau nach dem Kuss auf die Wange oder den Mund zurück, können Sie sagen: „Oh Entschuldigung, ich hatte das Gefühl, du wolltest mich küssen." Die Frau wird Ihnen für den Kuss keine Ohrfeige geben. Hat der Mann die Frau beim zweiten Treffen noch nicht auf den Mund geküsst, muss dies beim dritten Treffen unbedingt stattfinden. Anders als das erste und zweite Treffen, das zum Beispiel nicht länger als ein bis zwei Stunden dauern sollte, verläuft das dritte Treffen nicht nach einem vorgegebenen Rahmen. An dieser Stelle ist zu erwähnen, dass das erste und zweite Treffen nur stattfindet, wenn die Frau den Mann sympathisch findet. Ist die Frau sich beim zweiten Treffen noch unsicher, ob er der richtige Mann für sie ist, kommt es eventuell noch einmal zu einem dritten Treffen, das dann aber darüber entscheidet, ob der Kontakt aufrechterhalten oder abgebrochen wird. Das dritte Treffen darf in jedem Fall als eine Art Steigerung zu den letzten beiden Treffen gesehen werden und es darf länger als ein bis zwei

Stunden dauern. Sollte der Mann beim dritten Treffen noch unsicher sein, ob sie die richtige Frau ist, ist es wichtig darauf zu achten, dass der Mann das dritte Treffen nicht unnötig ausdehnt, sondern wie die vorherigen beiden Treffen nach spätestens ein bis zwei Stunden beendet. Kommt es zu weiteren Verabredungen, weil sich beide doch sympathisch finden, sollte der Kuss so schnell wie möglich nachgeholt werden. Das signalisiert der Frau, dass der Mann weiterhin an ihr als potenzielle Partnerin interessiert ist, ansonsten könnte bei der Frau das Gefühl entstehen, dass der Mann nur an einer Freundschaft interessiert ist. Ob man gemeinsam in die Kumpelfalle stolpert, hängt in erster Linie davon ab, wie nah man sich bei den ersten beiden Treffen gekommen ist – das ist der Grund, warum spätestens beim dritten Treffen der Mann die Frau auf den Mund küssen sollte. Wenn keine eindeutigen Signale beim dritten Treffen erkennbar sind, dann wird der Kontakt abgebrochen! Am günstigsten ist eine Situation, in der ein gegenseitiger länger andauernder Blick und ein Lächeln dem Kuss vorausgehen. Wichtig ist, dass die Körpersprache der Frau signalisiert „Ja, ich will dich!", sie Ihnen also mit ihrem Körper zugeneigt ist und die Frau schon vor dem Kuss Ihre körperliche Nähe sucht, Sie zum Beispiel am Arm oder am Oberkörper berührt. Wenn die Frau sich abwendet oder kein Lächeln über die Lippen bekommt, dann sollten Sie nicht versuchen sie zu küssen, das würde sicherlich nach hinten losgehen. Wenn sie sich einvernehmlich küssen, dann ist das ein gutes Zeichen. Jetzt können Sie davon ausgehen, dass sich Ihre Partnerin oder Ihr Partner eine gemeinsame Zukunft mit Ihnen vorstellen kann. Wesentlich ist, dass Sie auch jetzt Unternehmungen ins Auge fassen, bei denen sie Spaß miteinander haben, um die Beziehung aufrechtzuerhalten.

Für das dritte Treffen sollten die Gesprächsthemen möglichst noch auf Gemeinsamkeiten beruhen. Gemeinsamkeiten verbinden. Sie sollten immer bei den Themen bleiben, die Ihnen Ihr Gegenüber anbietet, und demzufolge den weiteren Gesprächsverlauf für das dritte Treffen und Folgetreffen daran anknüpfen. Angenommen, es stellt sich heraus, dass die Frau gerne ins Schwimmbad geht. Dann könnte der Mann die Frau fragen: „Hast du beim Schwimmen ein Abzeichen gemacht?" oder „Bist du schon mal getaucht?" Am Ende der Verabredung sollte man sich für das schöne Treffen bedanken und die Frau fragen, ob sie Lust hat, beim nächsten Mal zum Beispiel Wandern oder Rad fahren zu gehen, auch wenn es keine Gemeinsamkeit ist, die sich aber dann zur Gemeinsamkeit entwickeln kann. Die Tatsache, dass zwischen dem Mann und der Frau nach dem Ende des dritten Treffens durch Vorschlag eines Partners bei einer weiteren Unternehmung keine Gemeinsamkeit besteht, ist nicht weiter schlimm. Schlägt der Mann vor, dass er sich gerne eine Tropfsteinhöhle anschauen möchte, und die Frau daran kein Interesse zeigt, könnte der Mann sagen:

„Schade, dass du nicht mitkommst, das hätte mich sehr gefreut, aber dann mache ich das am Donnerstag trotzdem und du kannst es dir ja noch mal überlegen." Geben Sie aber auf jeden Fall Ihrem Gegenüber die Möglichkeit, an der Unternehmung teilzunehmen.

Eher ungewöhnlich ist es, wenn die Frau ihre beste Freundin mit Partner beim zweiten oder dritten Treffen mitbringt. Es sei denn, die Frau hat es dem Mann vorher per SMS oder am Telefon kommuniziert. Dann ist es in Ordnung. Es sollte aber vorher angekündigt werden. Die Frau bringt die Freundin nur mit, wenn sie den Mann sympathisch findet, nicht, weil sie Angst vor ihm haben könnte. Der Mann sollte sich mit der besten Freundin auch unterhalten. Für den Mann ist eine solche Situation schwierig, weil er die Frau und die beste Freundin von sich überzeugen muss. Der Mann sollte die beste Freundin nur Allgemeines fragen. Allgemeine Fragen könnten sein: „Woher kommst du?", „Was machst du beruflich?" oder „Was hast du für Hobbys?". Ansonsten sollten Sie sich weitgehend mit Ihrer neuen Bekanntschaft unterhalten.

Freizeitaktivitäten und Beziehung

Nach weiteren Treffen beschließen Sie gemeinsam von nun an zusammenzubleiben. Eine Garantie, dass die Beziehung von Dauer ist, haben Sie deshalb noch lange nicht. Partner entwickeln sich häufig unterschiedlich schnell weiter. Man passt deshalb nicht mehr zueinander, weil sich die Charaktere auseinandergelebt haben. Man trennt sich. Damit eine Beziehung Aussicht auf Erfolg hat, ist es von Vorteil, dass Sie gemeinsame Interessen entdecken und pflegen. Gemeinsamkeiten verbinden. Nicht umsonst gibt es das Sprichwort: „Gleich und gleich gesellt sich gern."

Um Ihre Beziehung lebendig und unterhaltsam zu gestalten, probieren Sie eine Vielzahl von

Freizeitaktivitäten und Unternehmungen nach und nach miteinander aus.

- Klettern Sie in einem Hochseilgarten.
- Gehen Sie minigolfen.
- Kochen oder backen Sie gemeinsam.
- Besuchen Sie ein Candle-Light-Dinner in Ihrer Stadt.
- Planen Sie eine Fahrrad- oder Kanutour.
- Fahren Sie gemeinsam Schlittschuh.
- Machen Sie eine Ballonfahrt oder einen Segelflug.
- Besuchen Sie Veranstaltungen in der Umgebung: Ausstellungen, Konzerte, Theater, Weihnachtsmärkte.
- Organisieren Sie einen Gesellschaftsspiele-abend mit Ihren Freunden.
- Machen Sie einen gemeinsamen Tanzkurs.
- Fahren Sie am Wochenende in eine fremde Stadt und machen Sie eine Stadtrundfahrt.

Besonders gewinnen Gemeinsamkeiten an Bedeutung, wenn es um die große Lebensplanung eines Paares geht. Dazu gehören unter anderem berufliche Ziele und Pläne, Wertevorstellungen, die Überlegung, ob man Kinder haben möchte und wer dann der Hauptverdiener sein wird. Denn meist ist es doch so, dass wenn beide voll berufstätig sind, einer von beiden seinen Beruf etwas zurückfahren muss, um sich um den Nachwuchs zu kümmern. Beim ersten und zweiten Treffen darf der Kinderwunsch niemals angesprochen werden, denn das ist einfach noch zu früh. Zuerst muss sich eine Beziehung entwickeln, um dieses Thema in Angriff zu nehmen. Generell ist zu sagen, dass die Frage der Beziehungsgestaltung (und dazu gehört auch die Klärung des Kinderwunsches) in einem möglichst frühen Stadium der Beziehung thematisiert werden sollte. Nach drei Monaten ist ein guter Zeitpunkt gekommen. Denn Sie möchten ja wissen, ob Sie auf gleicher Wellenlänge liegen und es sinnvoll ist, die Beziehung weiterzuführen und zu vertiefen. Sie können das Thema in ein Gespräch einbauen und aktiv darauf hinlenken, wenn Sie sich über das Thema der Beziehungsgestaltung austauschen. Dann erfahren Sie, wie wichtig ihr oder ihm dieses Thema ist, und Sie können es mit Ihren Wünschen und Erwartungen abgleichen. Die Altersklasse der Frauen von Anfang bis Ende 20 ist häufig mit Status zu beeindrucken. Diese Frauen möchten, sofern sie noch kein Kind haben, etwas erleben. Bei den Frauen über 30 spielt der Status weniger eine Rolle. Sie verfügen über ein eigenes Einkommen, sind unabhängig und suchen einen gleichgestellten Partner zum Heiraten und zur Familiengründung. Je weiter das Alter der Frau fortgeschritten ist und sie noch keine Kinder hat, desto größer ist die Wahrscheinlichkeit, dass sie noch ein Kind haben will. Mit etwa 45 Jahren haben die meisten Frauen ihre Familienplanung abgeschlossen. Viele Frauen ab Mitte 30 sind auch schon geschieden und häufig alleinerziehend. Sie suchen einen romantischen, familientauglichen und zuverlässigen Mann. Der Mann sollte für ihre Kinder ein guter Freund sein und gegebenenfalls auch bestimmte Aufgaben übernehmen. Jeder Mann, der sich auf diese Familienkonstellation einlässt, muss sich vorab darüber im Klaren sein, dass Komplikationen auftreten könnten – auch dann, wenn die Kinder bereits erwachsen, außer Haus sind und nur gelegentlich noch zu Besuch kommen. Wenn Ihnen das von Anfang an nicht gefällt, gehen Sie keine Kompromisse ein. Stattdessen suchen Sie lieber weiter und verschenken keine wertvolle Zeit.

Übereinstimmende Ziele und Werte in einer Beziehung zu vertreten, ist wichtig für ihr Bestehen. Bildungsunterschiede zwischen Mann und Frau können eine Beziehung erschweren. Es birgt ein gewisses Konfliktrisiko, wenn einer der Partner gebildet ist und der andere nicht. Das unterschiedliche Bildungsniveau, das durch Allgemeinwissen, Sprache oder dem

Intelligenzquotienten zum Ausdruck kommt, kann ein Störfaktor sein. Besonders dann, wenn sich ein Mann der Frau unterlegen fühlt.

Meinungsverschiedenheiten verursachen häufig Streit. Kleine unbedeutende Lappalien können zu Auseinandersetzungen führen. Vermeiden Sie bei Streit unbedingt verbale Angriffe, indem Sie Ihr Gegenüber mit Vorwürfen und Anschuldigungen konfrontieren. Meist handelt es sich dabei um „Du-Sätze". Stattdessen vertreten Sie Ihren Standpunkt mit „Ich-Sätzen", um die eigene Kritik positiv zu formulieren. Stellen Sie offene Fragen, damit Ihr Gegenüber so antworten kann, wie sie oder er will. Vermeiden Sie Unterstellungen und bleiben sachlich. Beenden Sie nach Möglichkeit einen Streit vor dem Zubettgehen, damit Sie nicht mit dem Ärger am nächsten Morgen aufwachen. Holen Sie sich bei Streit niemals Außenstehende wie Freunde, Bekannte oder Familienangehörige hinzu und vermeiden Sie, Konflikte im Raum stehen zu lassen.

Dauerhafte Bindung bedeutet neben einer gegenseitigen Treuezusage zweier Partner, ihre Beziehung aufrechtzuerhalten und auch ehrlich miteinander umzugehen. Sagen Sie Ihre Meinung und bauen Sie keine Beziehung auf Unwahrheiten auf. Lügen haben kurze Beine!

Einander Freiräume zu ermöglichen, indem man sich ungestört zurückziehen und den eigenen Vorlieben nachgehen kann, sind eine wichtige Grundvoraussetzung in einer Beziehung. Ebenso sollte man nicht seine Kontakte zu Freunden und Bekannten außer Acht lassen. Sie bringen Abwechslung in die Freizeit, geben neue Sichtweisen und Ideen, haben ein offenes Ohr für Sie und dienen der Meinungsbildung.

Zu einer erfolgreichen Kommunikation gehört auch aufmerksames Zuhören, das durch gegenseitigen Respekt und Wertschätzung zum Ausdruck kommt. Eine andere Meinung zu vertreten, ist vollkommen legitim. Die eigene Meinung als die richtige zu erklären, ist nicht immer zielführend. Stattdessen sollten Sie versuchen, sich in das Denken, Handeln und Fühlen Ihres Gegenübers hineinzuversetzen.

Vorausgesetzt, Sie kennen Ihr Gegenüber schon länger und wissen, wann er oder sie Geburtstag hat, können Sie sagen: „Du hast demnächst Geburtstag. Worüber würdest du dich freuen?" Mit dieser Frage finden Sie möglicherweise heraus, ob sich Ihr Gegenüber über ein Geschenk freut. Die meisten Menschen erwähnen im Gespräch bereits das, was ihnen wichtig ist, und daraus ergibt sich sicherlich ein Hinweis für ein Geschenk. Sie signalisieren Ihrem Gegenüber dann, dass Sie ihn lieben. Ist Ihr Gegenüber aber eher der Typ, der gerne die Zeit mit Ihnen verbringt, so können Sie eine gemeinsame Aktivität anvisieren, die einseitig oder beidseitig Interesse findet.

Nicht immer ist es leicht, die eigenen Gedanken, Gefühle oder Wünsche in einem gemeinsamen Gespräch zum Ausdruck zu bringen. Stattdessen können Sie einen Liebesbrief verfassen. Sie lesen richtig. Im digitalen Zeitalter, in dem zunehmend über E-Mail und Messengerdienste miteinander kommuniziert wird, sollte der Liebesbrief nicht außer Acht gelassen werden. Der Liebesbrief hat einen besonderen Stellenwert. Er ist Ausdruck intimer Gedanken, Gefühle, von Kreativität und vor allem Mühe und Zeit. Mit einem Liebesbrief können Sie Ihrem Gegenüber Ihre Träume, Wünsche und Erwartungen mitteilen. Auch nach einem Streit kann er als Versöhnungsangebot wertvolle Dienste leisten. Vor allem eignet sich ein Liebesbrief bei verschiedenen Anlässen wie Hochzeitstag oder Jahrestag. Ob sie den Liebesbrief mit oder ohne ein Geschenk überreichen, bleibt Ihnen überlassen. Zum Lesen ist es schöner, wenn der Liebesbrief auf Briefpapier geschrieben wurde und Ihrem Gegenüber mit einer nach Ihrem Geschmack ausgewählten Schleife oder in Flaschenpost überreicht wird. Der Fantasie sind dabei keine Grenzen gesetzt!

Zuverlässigkeit ist ein wichtiger Bestandteil in einer Beziehung. Halten Sie gemeinsame Absprachen, Verabredungen, Termine und vor allem Pünktlichkeit unbedingt ein. Dadurch wird die Beziehung gestärkt und stabilisiert. Hingegen kann Unzuverlässigkeit als Nichtachtung innerhalb einer Beziehung ausgelegt werden.

Neben Zuverlässigkeit gehören auch Zärtlichkeiten und Sex zu einer glücklichen Beziehung. Zärtlichkeiten in Form von Streicheleinheiten und liebevollen Umarmungen tragen zu einer positiven Grundstimmung bei. Sex ist ein wichtiger Bestandteil, aber auch etwas sehr Intimes. Das Thema Sex sollte jedoch nicht so hoch angepriesen werden. Gerade am Anfang einer Beziehung wollen sich manche Paare erst einmal mit allen Ecken und Kanten ausgiebig kennengelernt und ineinander verliebt haben, bevor sie Sex haben. Den ersten Sex sollte der Mann anstoßen. Der geeignete Zeitpunkt für Sex kann dann zum Tragen kommen, wenn beispielsweise ein Partner beim anderen die Wohnung besichtigt. Das ist frühestens beim sechsten, siebten oder weiteren Treffen der Fall. Aber wie bereits erwähnt, bewerten Sie dieses Thema nicht über!

„Liebeskummer lohnt sich nicht." So begann in den 60er-Jahren ein Schlager. Diesen Schlager können Sie auch auf eine gescheiterte Beziehung übertragen. Eine gescheiterte Beziehung zu verkraften ist nicht einfach. Trauern Sie nicht länger als maximal zwei bis drei Tage. Danach kehren Sie auf den Boden der Tatsachen zurück und machen sich aufs Neue auf den Weg nach einer Partnerin oder einem Partner.

Ausgangspunkt Zufall

Bekanntschaftsanzeigen und Singlebörsen sind gezielte Möglichkeiten, einen Partner bzw. eine Partnerin kennenzulernen. Die Orte der Begegnung sind aber bei Weitem nicht auf diese Möglichkeiten beschränkt. Ständig und überall gibt es Gelegenheiten, in Kontakt zu kommen.

Alltagssituationen

Sie wollen einen Parkschein lösen und stellen fest, dass Sie nur Scheine statt Münzen haben. Kennen Sie das? Aus einer solchen Situation heraus kann sich ein wunderbarer Flirtkontakt ergeben.

Vielleicht ist es Ihnen schon mal so gegangen: Es ist Freitagabend. Sie kommen erschöpft von der Arbeit nach Hause und wollen nur noch schlafen. Samstagmorgen werden Sie wach, stehen auf, schlagen als Erstes die Zeitung auf und stellen fest, dass im Anzeigenteil keine Partnerin oder kein Partner annonciert hat, der Ihrem Alter oder Ihren Vorstellungen entspricht. Nach einiger Zeit verspüren Sie ein Hungergefühl. Sie gehen zu Ihrem Kühlschrank, aber der ist fast leer. Sie beschließen, in die Stadt zu fahren, um einzukaufen, bekommen aber keinen Parkplatz. Was machen Sie? Sie parken außerhalb der Stadt, müssen aber nach einem Blick ins Portemonnaie feststellen, dass Sie kein Kleingeld für einen Parkschein haben. Sie gehen los, um im Geschäft auf der gegenüberliegenden Straßenseite Geld zu wechseln.

Gerade, als Sie die Straße überqueren wollen, nehmen Sie ein Auto wahr, das hinter Ihrem parkt. Aus dem Auto steigt eine junge Frau. Sie geht zu dem Parkscheinautomaten. Sie ergreifen die Möglichkeit, die Frau nach Wechselgeld zu fragen. Dabei können Sie ihr tief in die Augen schauen, Ihr allerschönstes Lächeln auspacken und etwas Nettes sagen. Dann warten Sie ab, wie die Frau reagiert. Wenn sie zurücklächelt und den Kopf etwas in Richtung Schulter neigt, können Sie sie forsch fragen: „Wenn du Zeit und Lust hast, dann würde ich dich gerne auf einen Kaffee einladen." Somit geben Sie der Frau die Möglichkeit, darauf einzugehen oder der Situation auszuweichen, wenn sie nicht möchte, weil sie zum Beispiel schon vergeben ist. So verliert keiner sein Gesicht in dieser Situation.

Die beschriebene Situation mit dem Wechselgeld könnte auch eine Frau betreffen, die zufällig sieht, wie ein junger Mann aus seinem Auto steigt, um einen Parkschein zu lösen.

Volkshochschule

In Weiterbildungskursen trifft man Menschen mit ähnlichen Interessen. Volkshochschulen sind deshalb eine gute Möglichkeit, um dauerhafte Bekanntschaften zu schließen. Sie sind in jeder Stadt vertreten und für jedermann zugänglich. Sie bieten ein vielseitiges kostengünstiges Kursangebot aus den Bereichen Gesundheit, Gesellschaft, Sprachen und Kultur an. So haben Sie zum Beispiel die Möglichkeit, je nach Kursangebot, einen Bildungsurlaub zu machen oder Kochkurse zu besuchen, sich bei Yoga- und Pilatesübungen zu entspannen.

Wenn Sie nichts dem Zufall überlassen wollen, legen Sie Wert darauf, dass im Kurs ein ausgeglichenes Verhältnis zwischen Frauen und Männern besteht. Sie können vorher telefonisch anfragen, wie viele Teilnehmerinnen und Teilnehmer sich für den jeweiligen Kurs angemeldet haben und wie hoch das Durchschnittsalter ist.

Diskothek

Im Vergleich zu den gezielten Möglichkeiten, eine Partnerin oder einen Partner zu finden, haben Sie in der Diskothek das Problem, dass Sie meist nicht genau wissen, wer Single ist und wer überhaupt einen Partner sucht. Sie müssen zunächst einmal Ihrem Gegenüber die Möglichkeit geben, Sie wahrzunehmen. Dazu müssen Sie in Blickkontakt treten und vor allem lächeln. Starren Sie sie oder ihn nicht zu lange an, das wirkt aufdringlich und schreckt ab. Lächelt Ihr Gegenüber nach ein paar Blickkontakten ebenfalls zurück, ist das ein gutes Zeichen, Sie wurden registriert.

Dann sollten Sie auf sie oder ihn zugehen. Stellen Sie sich ganz einfach vor: „Hallo, ich heiße Carolin" oder „Hi, ich bin der Andre". Lernen Sie keinen Anmachspruch auswendig. Sprüche stoßen ab und werden sofort durchschaut. Versuchen Sie selbst so authentisch wie möglich zu bleiben. Das klappt am besten, wenn Sie etwas sagen, das Ihrer Person entspricht. Als Gesprächseinstieg können Sie die Musik ansprechen, die gerade in der Diskothek läuft.

Haben Sie ein paar Sätze miteinander gewechselt und stellen fest, dass sie sich sympathisch finden, können sie auch etwas gemeinsam trinken. Als Mann laden Sie die Frau selbstverständlich ein. Oder Sie gehen zusammen tanzen.

Letzteres würde ich nur ansprechen, wenn Sie das Tanzen gut beherrschen. Als Mann können Sie die Frau nach Ihrer Handynummer fragen. Wenn Sie Erfolg hatten, verabschieden Sie sich und verlassen die Diskothek. Es wirkt äußerst ungünstig, wenn Ihr neuer Kontakt feststellt, dass Sie da noch weitere Personen ansprechen.

Fitnessstudio

Fitnessstudios sind in der kalten Jahreszeit praktikable Orte, Menschen kennenzulernen. Wenn die Wintertage kommen, es draußen stürmt und schneit und man seine Zeit nicht nur zu Hause verbringen möchte, eignen sie sich gut, um Kontakte zum anderen Geschlecht aufzubauen. Hier begegnet man Frauen und Männern, die fit bleiben wollen. Ein Ansatzpunkt, Interesse zu zeigen, kann das jeweilige Trainingsprogramm sein. Als Gesprächseinstieg können Sie Ihr Gegenüber fragen: „Bist du öfter hier?" oder „Wie wäre es mit einer kleinen Pause?" Anschließend haben Sie die Möglichkeit, wenn Sie sich sympathisch finden, gemeinsam ein Getränk an der Theke einzunehmen.

Supermarkt

Auch der Supermarkt kann eine Möglichkeit für die Partnersuche sein. Ich meine damit nicht, dass Sie die nächstbeste Dame oder den nächstbesten Herrn ansprechen.

Nein, Supermärkte bieten ihren Kunden die Möglichkeit, kostenlose Kleinanzeigen an einer Pinnwand oder Wandtafel im Eingangsbereich aufzuhängen. Kunden nutzen diesen Service aus verschiedenen Gründen. Einige suchen nach einer Wohnung in Stadtnähe, andere bieten Nachhilfeunterricht für Schülerinnen und Schüler an. Sogar auch Tanzschulen hängen Werbeplakate aus. Und warum sollten Sie nicht diese Möglichkeit nutzen, um eine Partnerin oder einen Partner zu finden? Sie können Ihren Anzeigentext in Word oder von Hand im DIN-A5-Format aufsetzen. Der Text muss von den Vorbeigehenden gut gelesen werden können. Heben Sie bestimmte Textstellen farbig oder in Fettdruck hervor, damit Ihr Gesuch aus der Masse der anderen Inserenten hervorsticht. Verteilen Sie Ihren Anzeigentext in mehreren Filialen. So steigt die Wahrscheinlichkeit, dass er von mehreren Damen oder Herren gelesen wird. Ihr Zettel bleibt allerdings nicht unbegrenzt hängen. Er wird nach einiger Zeit von der Marktleitung entfernt. Das sollte Sie aber nicht davon abhalten, einen neuen oder nach drei bis vier Wochen den gleichen Anzeigentext erneut aufzuhängen. Sie können ihn je nach Belieben auch mit einem passenden Bild versehen. So nehmen die Leserinnen und Leser Ihr Begehren schneller wahr. Bei einigen Supermärkten müssen Sie vorgegebene Vordrucke für Ihre Anzeige verwenden. Nehmen Sie sich von zu Hause Kugelschreiber, Pinnwandnadeln und

Tesafilm mit, damit Sie entsprechend vor Ort ausgestattet sind.

Folgenden Anzeigentext können Sie aufgeben:

LET´S DANCE

Sportlicher Er, (Alter/Größe), sucht tanzbegeisterte Sie bis (Alter) für gemeinsamen Tanzkurs. Tel. 0171…

Auf diese Anzeige bekam ich einige Zuschriften. Wie in den Kapiteln zuvor, möchte ich Ihnen auch hier die Kontaktaufnahme mithilfe eines praktischen Beispiels aufzeigen:

Hey, ich habe deine Anzeige zwecks Tanzkurs gelesen und fühlte mich angesprochen. Ist diese noch aktuell? Stefanie

Hi Stefanie,
ich hab mal einen Grundkurs gemacht und fand das ganz gut und lustig. Bin also offen für weitere Kurse, bei denen man sich zur Musik bewegt. Und du tanzt auch? Andre

Hey Andre,

danke für deine Rückmeldung. Ich hab bisher noch keinen Tanzkurs besucht, tanze aber leidenschaftlich gerne und da hat mich deine Anzeige sehr angesprochen.

Hi Stefanie,
das macht doch nichts. Können gerne einen Grundkurs machen. Woher kommst du? Andre

Gerne. Welche Tanzschule schlägst du vor? Ich wohne in XY-Stadt. Können ja die Tage mal telefonieren. Wann erreich´ ich dich am besten?

Hi Stefanie,
dachte an die Tanzschule X. Dort habe ich auch schon einen Grundkurs besucht. Können gerne morgen telefonieren, um nähere Einzelheiten zu besprechen.

Um 17 Uhr bekam ich einen Anruf von Stefanie. Wir verabredeten uns in einem Café. Sie war eine von vielen Frauen, die ich über eine Supermarktanzeige kennengelernt habe. Sollten Sie auch eine Tanzpartnerin oder einen Tanzpartner suchen, ist diese Art des Vorgehens sehr zu empfehlen. Das

Anbringen Ihrer Anzeige auf der Info-Tafel ist kostenlos.

Je allgemeiner Sie den Text der Anzeige halten, desto mehr Zuschriften werden Sie bekommen. Verwenden Sie die Beispiel-Tanzanzeige. Sie müssen nur noch Ihre persönlichen Daten einsetzen und Ihre Anzeige in mehreren Filialen aushängen.

Nun zurück zu der Ausgangssituation mit Stefanie. Nach dem Telefonat haben wir uns in einem Café getroffen. Wie der weitere Kontakt bis hin zum Tanzen aufrechterhalten wurde, zeige ich Ihnen nachfolgend. Denken Sie bitte daran, dass Ihr zukünftiger SMS-Verlauf eine Steigerung zum vorangegangenen SMS-Austausch sein sollte, in dem Sie versuchen, interessant, humorvoll und einfühlsam zu formulieren.

Hallo Dancequeen,
war ein schöner Abend mit dir. Mal Lust das Tanzbein zu schwingen? Vorfreudig Andre

Hey Andre,

schön von dir zu hören. Ja, war ein angenehmes Treffen gestern. Können wir gerne machen. Was schlägst du vor? Hast du eigentlich WhatsApp? LG

Hallo Dancequeen,
z. B. bietet die Tanzschule Y am Dienstag einen Discofox-Kurs für Einsteiger an. Lust, diesen Kurs zu belegen?
Andre

Klingt gut. Ich schau mir das mal im Internet an. Schönen Tag noch. LG

Hey Andre,
hab mich noch mal über die Tanzschulen schlau gemacht. Der X klingt am besten. Können aber auch den Discofox im Y ausprobieren, wobei wir wahrscheinlich die Jüngsten wären. :-)
Schönes Wochenende und bis bald Stefanie

Hallo Stefanie,
Tanzschule X bietet auch Rock 'n' Roll an. Der Kurs läuft allerdings schon, wir können aber vielleicht noch dazustoßen. Am Mittwoch kann ich dir Näheres sagen.
Ein Gruß vom Tanzliebhaber Andre

Hallo tanzbegeisterte Stefanie,

leider habe ich bei der Tanzschule X niemanden erreicht, probiere es Freitag noch mal. Wir können uns ja auf alle Fälle schon mal den Dienstag bei der Tanzschule Y vormerken. Schönen Feiertag Andre

Hey Andre,

alles klar. So verbleiben wir. Wünsche dir auch einen sonnigen Feiertag. LG Stefanie

Hi Stefanie,

habe mich bei der Tanzschule X erkundigt. Neue Kurse laufen erst ab September. Schlage vor, dass wir erst mal den Discofox beim Y ausprobieren. Ist das okay für dich? Andre

Hey Andre,

dann besuchen wir doch den Discofox-Kurs bei Y. Müssen wir uns anmelden? Können uns ja vorher mal treffen, wenn du magst. Schönes Wochenende Stefanie

Hallo Stefanie,

habe heute bei der Tanzschule Y angerufen. Die Inhaberin meinte, dass der Kurs eine Woche später beginnt. Ja, wir

müssen uns dort vorher anmelden. Gerne können wir uns
vorher noch mal treffen. Vorfreudig Andre

Okay. Bist du heute Abend auch bei dem Konzert?
LG Stefanie

Hi Stefanie, ja, bis dann. Andre

Der beschriebene SMS-Austausch soll Ihnen aufzeigen, dass es vorkommen kann, dass sich Ihr Gegenüber noch einmal vorab mit Ihnen treffen möchte, bevor der Tanzkurs beginnt. Grundsätzlich sollte man diesem Treffen zustimmen, da sonst der Eindruck entstehen könnte, dass Sie kein ernsthaftes Interesse haben. Denken Sie jedoch daran, Ihr zweites Treffen nicht länger als ein bis zwei Stunden auszudehnen, damit Ihr Gegenüber nicht das Interesse an Ihnen verliert. Wer eine Partnerin oder einen Partner für einen Tanzkurs sucht, der kann seinem Glück mithilfe einer Anzeige auf die Sprünge helfen, wie das vorherige Beispiel aufgezeigt hat. Tanzanzeigen funktionieren sehr gut. Ihr Gegenüber ist grundsätzlich für das Tanzen aufgeschlossen. Ob sich jedoch neben dem Tanzen eine Beziehung entwickelt, hängt von der Intention beider ab. So könnten Sie eine Tanzanzeige aufgeben, um zu sehen, wer sich bei Ihnen meldet. Stellt sich bei Ihrem Treffen heraus, dass Ihr Gegenüber einen Partner oder ein Kind beziehungsweise Kinder hat, könnten Sie trotzdem tanzen gehen, um einen unverbindlichen Kontakt zu haben. Ihr Gegenüber ist dann auch wirklich nur am Tanzen interessiert. Nicht immer erfahren Sie gleich zu Beginn des ersten Treffens, ob Ihre Verabredung schon vergeben ist. Ist bei dem Treffen die Rede von einer Partnerin oder einem Partner, dann wissen Sie, dass Ihr Gegenüber nur Interesse am Tanzen hat. Ist dies nicht der Fall, können Sie sagen: „Am Donnerstag nach dem Tanzkurs Lust, was trinken zu gehen?" Vielleicht stellt sich dann bei einem gemeinsamen Getränk heraus, dass Ihr Gegenüber noch nicht vergeben ist.

Die meiste Resonanz erfährt ein Anzeigentext, der fast keine Festlegungen enthält, sondern den Kreis der Angesprochenen nur durch die Altersangabe einschränkt:

LET´S COME TOGETHER

(Alter)-Jähriger *sucht* *Freundeskreis* *für Freizeitaktivitäten. Tel. 0163…*

Beginnen Sie mit der Suche nach einem Freundeskreis. Und starten dann von festem Boden aus in das Abenteuer Partnersuche. Der Nachteil dieser Art des Kennenlernens besteht darin, dass Alleinstehende sich nicht gerne als Alleinstehende zu erkennen geben. Das gemeinsame Verbinden, das zwei oder mehrere Alleinstehende teilen, kommt hierbei zum Tragen. Als Alternative zu einem Singletreff können Sie nach Gleichgesinnten anderweitig Ausschau halten.

- Machen Sie eine Singlestädtetour.
- Besuchen Sie eine Kletterhalle.
- Nehmen Sie an einem Lauftreff im Wald teil.

- Probieren Sie neue Hobbys aus.

Die Grundsatzfrage, die Sie sich neben dem Schalten einer solchen Anzeige stellen müssen, besteht darin: „Welche Dinge gibt es in Ihrer Stadt, die Sie unternehmen können?"

Speed-Dating

Eine relativ neue Möglichkeit gezielter und doch zufälliger Partnersuche ist das Speed-Dating. Die Idee stammt aus den USA. Beim Speed-Dating treffen sich in der Regel acht Frauen und acht Männer, die sich in einer vorgegebenen kurzen Zeitspanne von beispielsweise zehn Minuten miteinander unterhalten.

Alle Anwesenden sind auf Partnersuche. Jeder lernt jeden kennen. Es spielt keine Rolle, ob Sie leicht oder schwer mit anderen Menschen ins Gespräch kommen. Fragen an die einzelnen Teilnehmer können Sie ebenso vorbereiten, wie Sie Ihre Vorstellungen von einer guten Partnerschaft entwickeln können. Sie müssen kein Kommunikationstalent sein. Ihre Fähigkeit zuzuhören wird geschätzt werden. Die Volkshochschule oder die Hochschule in Ihrer Stadt bieten eventuell Speed-Dating-Veranstaltungen an. Erkundigen Sie sich rechtzeitig, damit noch ein Platz für Sie frei ist!

Wenn Sie sich nicht Hals über Kopf in eine Veranstaltung stürzen wollen, so können Sie über den Film „Altersglühen" von Jan Georg Schütte einen ersten Eindruck gewinnen, wie Speed-Dating abläuft. Der Film zeigt, wie gewinnend unbedingte Ehrlichkeit und Offenheit wirken. Sie werden verblüfft sein, um wie vieles beeindruckender und überzeugender Laien agieren im Vergleich zu bekannten Schauspielern wie Mario Adorf und Senta Berger.

Meine Buchempfehlung

Vielleicht suchen Sie neben einer Partnerin oder einem Partner ein Ausbildungs- oder Angestelltenverhältnis. Dann kann ich Ihnen ein weiteres Buch von mir empfehlen:

Andre Schmitt

Auf Stellensuche?

Ein Ratgeber für

Ausbildungs- und Angestelltenberufe im

öffentlichen und kaufmännischen Bereich

Preis: 12,95 €

E-Book: 5,49 €

Worum geht es in diesem Buch?

Das können Sie der nachfolgenden Seite entnehmen.

Eine Stelle zu finden ist nicht einfach. Schnell ist der Suchende frustriert, demotiviert und überfordert.

In seinem Ratgeber setzt sich Andre Schmitt mit dem Bewerbungsanschreiben und dem Lebenslauf auseinander. Er beschreibt beispielhaft, wie Bewerbungsanschreiben und Lebensläufe richtig aufgebaut werden. Wie sieht der Ablauf bei einem Vorstellungsgespräch aus, welches sind zulässige und unzulässige Fragen und worauf sollte der Suchende im Vorstellungsgespräch achten? Was macht selbstsicheres Auftreten aus? Welche Kleidung ist angemessen? Wie wirkt Mimik und Gestik auf den Gesprächspartner?

Mit diesen und anderen Fragen befasst sich der Autor und verhilft den Lesern zu einem hoffentlich erfolgreichen Abschluss bei der Stellensuche.

Nachwort

Welche Art der Partnersuche Sie in Erwägung ziehen, bleibt Ihnen überlassen. Vergessen Sie eines nicht, Partnersuche erfordert sehr viel Ausdauer und kann teilweise nervenaufreibend sein. Bei Ihrer Suche werden Sie unterschiedlichen Partnerinnen und Partnern begegnen, die nicht Ihren Vorstellungen entsprechen oder umgekehrt. Das ist völlig normal und sollte Sie nicht weiter beunruhigen.

Hier gilt:

IMMER WEITERSUCHEN!!!

Eines Tages wird Ihre Traumpartnerin oder Ihr Traumpartner vor Ihnen stehen.

Beim Anwenden meiner Tipps und Ratschläge wünsche ich Ihnen viel Erfolg.

Für Fragen oder Rückmeldungen stehe ich meinen Leserinnen und Lesern gerne kostenfrei zur Verfügung. Schreiben Sie einfach an meine Mailadresse:

andre-schmitt@gmx.net

Wenn Ihnen mein Buch gefallen hat, dann würde ich mich sehr über eine Rezension auf Amazon freuen.

Ihr Andre Schmitt